EURO APOCALYPSE

DAI BLACKOUT ALLE CRISI ECONOMICHE, DALLE EMERGENZE SANITARIE ALLE GUERRE IBRIDE, FINO A CYBERATTACCHI E DISASTRI CLIMATICI. GUIDA PRATICA PER SOPRAVVIVERE ALLE PROSSIME CRISI EUROPEE

MARK DORTMILLER

RANDY MORGANIN

TRADUZIONE DI
ELIO RICCIARDI

INDICE

Introduzione	vii
Parte I – Comprendere la minaccia globale	xi

1. UNA GUERRA CHE NON SEMBRA UNA GUERRA — 1
- Cosa significa "conflitto non convenzionale" — 1
- Guerre senza fronti chiari — 2
- Civili come bersagli indiretti — 4
- Checklist pratica – Difendersi da una guerra non convenzionale — 6

2. L'EUROPA SOTTO PRESSIONE — 7
- Fragilità delle metropoli europee — 7
- Dipendenza da importazioni di energia, cibo e materie prime — 9
- Vulnerabilità delle reti digitali e dei trasporti — 10
- Un continente esposto a crisi globali — 11
- Checklist pratica – Europa sotto pressione — 14

3. ECONOMIA DI GUERRA E SACRIFICI CIVILI — 15
- Aumento delle spese militari e riduzione dei fondi per welfare e sanità — 15
- Inflazione, crisi del potere d'acquisto e debito crescente — 17
- Rischio di austerità e tagli ai servizi pubblici — 18
- La popolazione come prima vittima — 19
- Checklist pratica – Economia di guerra — 20

4. MINACCE BIOLOGICHE E SANITARIE — 22
- Malattie trasmesse da zanzare: una nuova frontiera del rischio — 22
- Possibili nuove pandemie globali — 23
- Un sistema sanitario europeo già fragile — 24
- Impatto diretto sui cittadini — 26
- Checklist pratica – Minacce biologiche e sanitarie — 29

Parte II – Scenari di crisi in Europa — 31

5. BLACKOUT ENERGETICI E DIGITALI — 33
- Sabotaggi e vulnerabilità delle reti elettriche — 33
- Cyberattacchi a banche, pagamenti elettronici e trasporti — 34
- Box pratico: perché avere contanti in casa — 35
- L'effetto domino di un blackout prolungato — 36
- Checklist pratica – Blackout energetici e digitali — 37

6. COLLASSO SANITARIO — 39
- Saturazione ospedaliera e mancanza di medici — 39
- Carenza di farmaci e forniture — 40
- Come gestire la salute in emergenza — 41
- Checklist pratica – Collasso sanitario — 42

7. SICUREZZA SOCIALE E URBANA — 44
- Proteste, rivolte e saccheggi come effetto collaterale delle crisi — 44
- Pericoli nelle grandi città — 45
- Strategie di protezione domestica — 47

8. GUERRA PSICOLOGICA E DISINFORMAZIONE — 49
- Fake news e manipolazioni — 49
- Come riconoscere fonti affidabili — 50
- Difendersi dall'infodemia — 51
- Checklist pratica – Guerra psicologica e disinformazione — 52

Parte III – Prepararsi al peggio — 55

9. PREPARAZIONE DOMESTICA DI BASE — 56
- Scorte minime di acqua, cibo, medicinali, energia — 56
- Kit d'emergenza familiare — 58
- Checklist pratica – Preparazione domestica — 60

10. SOPRAVVIVERE A BLACKOUT PROLUNGATI — 61
- Gestione della casa senza elettricità — 61
- Tecniche per cucinare e conservare alimenti — 62
- Comunicazioni alternative — 64
- Checklist pratica – Sopravvivere a blackout prolungati — 65

11. SICUREZZA E DIFESA PERSONALE — 67
- Protezione della casa — 67
- Differenze legali nell'uso della forza — 69
- Checklist pratica – Sicurezza e difesa personale — 70

12. SOPRAVVIVENZA SANITARIA DOMESTICA — 72
- Come allestire un kit medico — 72
- Primo soccorso in famiglia — 73
- Gestione di malattie croniche senza ospedale — 74
- Checklist pratica – Sopravvivenza sanitaria domestica — 76

13. RESILIENZA ALIMENTARE — 77
- Orti domestici e autosufficienza — 77
- Alimenti a lunga durata e tecniche di conservazione — 78
- Baratto e reti locali — 79
- Checklist pratica – Resilienza alimentare — 80

14. COMUNICAZIONI DI EMERGENZA — 82
- Perché le comunicazioni saltano — 82
- Comunicazioni comunitarie — 83
- Checklist pratica – Comunicazioni di emergenza — 84

15. MOBILITÀ E TRASPORTI IN EMERGENZA — 85
- Quando i trasporti si fermano — 85
- Strategie di mobilità sicura — 86
- Evacuazioni e mobilità d'urgenza — 87
- Checklist pratica – Mobilità e trasporti in emergenza — 88

16. IL PIANO D'EMERGENZA FAMILIARE — 90
- Definire i ruoli familiari — 90
- Punti di ritrovo e percorsi sicuri — 91
- Comunicazioni di emergenza — 92
- Checklist pratica – Piano d'emergenza familiare — 93

Parte IV – La resilienza collettiva — 95

17. COMUNITÀ E RETI LOCALI — 96
- Gruppi di mutuo soccorso — 96
- Sicurezza condivisa — 97
- La forza della cooperazione — 98
- Checklist pratica – Comunità e reti locali — 98

18. ADATTAMENTO PSICOLOGICO — 100
- Gestire stress e paura — 100
- Mantenere la lucidità in situazioni critiche — 101
- Educare i bambini alla resilienza — 102
- Checklist pratica – Adattamento psicologico — 102

19. EDUCAZIONE ALLA RESILIENZA NELLE SCUOLE E COMUNITÀ — 105
- Resilienza nelle scuole — 105
- Comunità resilienti — 106
- Creare una cultura della resilienza — 107
- Checklist pratica – Educazione alla resilienza collettiva — 107

20. SOLIDARIETÀ E BARATTO IN TEMPI DI CRISI — 109
- La logica del baratto — 109
- Solidarietà di vicinato — 110
- Reti locali di scambio — 110
- Checklist pratica – Solidarietà e baratto — 111

21. MANUALE DI SOPRAVVIVENZA FAMILIARE — 113
- Piano familiare passo per passo — 113
- Schede sintetiche per diversi scenari — 115
- Checklist pratica – Manuale di sopravvivenza familiare — 116
- Schede sintetiche di emergenza — 118

Parte V – Nuove sfide del futuro — 119

22. CRISI CLIMATICA E CATASTROFI NATURALI — 120
- Eventi estremi sempre più frequenti: alluvioni, incendi, ondate di calore — 120
- Impatto diretto su città e campagne europee — 122
- Come prepararsi a un'emergenza climatica locale — 123
- Checklist pratica – Catastrofi naturali — 124

23. ECONOMIA INSTABILE E COLLASSO FINANZIARIO — 126
- Rischio di crolli bancari e blocco dei risparmi — 126
- Come difendere i propri beni in tempi di inflazione estrema — 127
- Valute digitali e rischio di controllo totale — 127
- Checklist pratica – Resilienza economica familiare — 128

24. MOBILITÀ INTERNAZIONALE E CONFINI FRAGILI — 129
- Migrazioni forzate: quando le crisi spingono milioni di persone verso l'Europa — 129
- Nuove tensioni sociali e culturali — 130
- Prepararsi a un mondo con confini meno stabili — 130
- Checklist pratica – Preparazione ai flussi migratori — 130

25. PSICOLOGIA DEL LUNGO TERMINE — 132
- L'impatto delle crisi prolungate sulla salute mentale — 132
- Come mantenere speranza e motivazione — 133
- Costruire routine sane anche in scenari instabiliIl — 133
- Checklist pratica – Salute mentale di lunga durata — 134

26. TECNOLOGIE EMERGENTI: RISCHIO O OPPORTUNITÀ? — 135
- Intelligenza artificiale e automazione: vulnerabilità digitali — 135
- Droni e sorveglianza di massa — 136
- Come la tecnologia può aiutare o mettere in pericolo i civili — 136
- Checklist pratica – Uso sicuro delle tecnologie in crisi — 137

27. SOPRAVVIVERE FUORI CITTÀ — 138
- Vantaggi e svantaggi delle aree rurali — 138
- Come organizzare un rifugio lontano dai centri urbani — 139
- Trasferirsi temporaneamente in campagna — 139
- Checklist pratica – Vita in zone rurali — 140

28. SPIRITUALITÀ E RESILIENZA INTERIORE — 141
- Il ruolo della fede e dei valori comunitari — 141
- Come trovare equilibrio interiore durante l'incertezza — 142
- Testimonianze e tradizioni europee di resilienza spirituale — 142
- Checklist pratica – Benessere interiore — 143

Conclusione — 145
Appendici — 149
Ringraziamenti — 153
L'autore — 155

INTRODUZIONE

Viviamo in un'epoca segnata da fragilità e incertezze, in cui le basi stesse della nostra quotidianità sembrano meno solide di quanto fossero in passato. Conflitti latenti, crisi economiche, catastrofi naturali e tensioni geopolitiche stanno trasformando l'Europa in un terreno vulnerabile come non lo era da decenni.

Questo libro non nasce per diffondere paura. La paura immobilizza, rende dipendenti dagli altri.

Questo libro nasce invece per darti **strumenti concreti e pratici**, così che tu e la tua famiglia possiate affrontare l'imprevisto con lucidità e forza.

Gli obiettivi sono chiari:

• Fornire alle famiglie europee conoscenze concrete di sopravvivenza urbana e domestica.

• Preparare a scenari estremi, dal blackout energetico al collasso sanitario.

• Creare una mentalità di resilienza: non subire, ma reagire con responsabilità.

Ogni capitolo è costruito per guidarti passo dopo passo, con checklist, piani pratici e consigli familiari applicabili subito.

PERCHÉ L'EUROPA È VULNERABILE OGGI

Molti cittadini europei vivono nella convinzione che guerre e disastri appartengano ad altri continenti. La realtà, invece, è diversa.

L'Europa è oggi vulnerabile perché:

- **Dipendenza da risorse esterne:** energia, cibo e materie prime arrivano in gran parte da fuori.
- **Conflitti e instabilità ai confini:** crisi regionali possono propagarsi e avere effetti immediati sulla popolazione.
- **Infrastrutture fragili:** banche, ospedali, trasporti e reti elettriche possono essere colpiti da cyberattacchi o sabotaggi.
- **Città densamente popolate:** difficili da proteggere o evacuare.
- **Sanità ed economia sotto pressione:** già oggi mostrano segni di fragilità strutturale.

Basta un singolo evento per innescare una catena di conseguenze che può trasformare una crisi lontana in un problema diretto per milioni di persone.

COS'È UNA GUERRA MONDIALE A BASSA INTENSITÀ

La prossima guerra globale non assomiglierà alle due precedenti. Non vedremo milioni di soldati affrontarsi in trincea.

Oggi siamo già immersi in una **guerra mondiale a bassa intensità**: un conflitto diffuso, senza fronti chiari, combattuto con strumenti diversi.

Le sue caratteristiche:

• Conflitti locali che coinvolgono potenze globali.

• Attacchi informatici che colpiscono banche, ospedali, trasporti.

• Propaganda e manipolazione delle informazioni.

• Armi non convenzionali: droni, sabotaggi, attacchi mirati alle infrastrutture.

• Sanzioni economiche e guerre commerciali.

È una guerra silenziosa ma reale, dove i civili diventano i bersagli indiretti: blackout, inflazione, scarsità di risorse.

PERCHÉ I CITTADINI COMUNI DEVONO PREPARARSI

Molti pensano: *"Ci penseranno i governi."* È un'illusione pericolosa.

La storia mostra che in ogni crisi – uragani, pandemie, blackout – le istituzioni hanno sempre impiegato giorni, se non settimane, per reagire.

In quelle ore critiche, la differenza tra chi resiste e chi soccombe la fanno:

• **Le risorse già in casa.**

- **La capacità di mantenere calma e lucidità.**
- **Un piano familiare chiaro e provato.**

Prepararsi non significa vivere nella paura. Significa assumere un atteggiamento di responsabilità.

Chi è pronto soffre meno. Chi non è pronto diventa vittima degli eventi.

PARTE I - COMPRENDERE LA MINACCIA GLOBALE

Prima di imparare a prepararsi, bisogna capire **contro cosa ci stiamo preparando**.

Il mondo intorno a noi non è più stabile, lineare e prevedibile come ci è stato insegnato a credere. Oggi viviamo in una realtà caratterizzata da **minacce diffuse, ibride e invisibili**, difficili da individuare e impossibili da confinare in un unico fronte.

Non si tratta solo di guerre convenzionali. Le nuove minacce si presentano sotto forme diverse: un blackout digitale che paralizza aeroporti e banche, un attacco informatico che spegne le reti elettriche, una manipolazione mediatica che semina panico tra la popolazione, una crisi economica che svuota i supermercati.

Questa è la natura della **guerra moderna a bassa intensità**: un conflitto globale che non si combatte più con trincee e carri armati, ma con strumenti invisibili che entrano direttamente nelle nostre vite quotidiane.

Per sopravvivere in questo contesto non basta sperare che le istituzioni ci proteggano. È necessario riconoscere i segnali, capire i rischi e prepararci. Solo chi comprende la natura delle minacce potrà affrontarle con lucidità.

CAPITOLO 1
UNA GUERRA CHE NON SEMBRA UNA GUERRA

Quando pensiamo alla parola *"guerra"*, la nostra mente corre subito alle immagini delle due Grandi Guerre: trincee fangose piene di soldati, carri armati che avanzano nei campi, bombardamenti sulle città, soldati in uniforme che si affrontano in campo aperto. La guerra, per come ce l'hanno raccontata i libri di scuola e le immagini d'archivio, è fatta di confini chiari, nemici riconoscibili, eserciti schierati uno contro l'altro.

Ma il conflitto del XXI secolo non segue più queste regole. Non c'è più una dichiarazione ufficiale, non ci sono fronti visibili da difendere o linee di confine nette da superare. Oggi siamo immersi in una forma di **guerra non convenzionale**, silenziosa e diffusa, che spesso non viene nemmeno riconosciuta come tale.

È una guerra che si combatte **nei cieli con i droni, nel web con i cyberattacchi, nelle nostre tasche con la manipolazione economica** e **nelle nostre menti con la propaganda digitale**. Una guerra in cui i **civili diventano i bersagli indiretti**, senza nemmeno accorgersene. Una guerra che non si vede in televisione con esplosioni e fuochi, ma che si sente nelle bollette più alte, nei supermercati vuoti, nei blackout improvvisi, nella sfiducia verso le istituzioni.

COSA SIGNIFICA "CONFLITTO NON CONVENZIONALE"

Un conflitto non convenzionale non utilizza soltanto armi tradizionali. Non si combatte più solo con fucili e cannoni, ma con strumenti invisibili che penetrano direttamente nella vita quotidiana. È una **guerra ibrida**, che unisce mezzi militari, tecnologici, economici e psicologici in un unico scenario fluido e difficile da riconoscere.

La caratteristica più pericolosa è che questo tipo di guerra **non ha confini chiari**: non si sa quando inizia, chi la conduce realmente, e soprattutto non si sa quando finisce. Può insinuarsi lentamente nelle nostre abitudini quotidiane, fino a renderci vulnerabili senza che ce ne accorgiamo.

Le armi invisibili del XXI secolo

◆ **Cyberwarfare**

Immagina di svegliarti e scoprire che il sistema informatico della tua banca è bloccato.

Non puoi prelevare, non puoi pagare con il bancomat, non puoi accedere ai tuoi risparmi. In poche ore, la fiducia che regge l'intero sistema economico vacilla.

Gli attacchi informatici non sono più fantascienza: possono paralizzare ospedali impedendo interventi chirurgici, fermare le ferrovie con un blackout dei sistemi di segnalazione, mandare in tilt aeroporti e porti. Un hackeraggio ben mirato è in grado di produrre lo stesso caos di un bombardamento, ma senza sparare un solo colpo.

Propaganda digitale

Le guerre moderne non si combattono solo con le armi, ma anche con le **parole e le immagini**. Fake news, campagne di disinformazione, manipolazioni mediatiche: sono strumenti sottili che non mirano solo a confondere, ma a **dividere la società dall'interno**.

Un popolo disunito, che non crede più nei propri governi o nelle istituzioni, è un popolo più facile da controllare. Bastano campagne ben orchestrate sui social network per alimentare odio, panico o sfiducia generalizzata. La guerra dell'informazione non distrugge edifici, ma mina i pilastri invisibili della democrazia e della convivenza civile.

Attacchi alle infrastrutture critiche

Non servono bombardamenti massicci per piegare una nazione. Basta un sabotaggio mirato: un oleodotto fatto saltare, una linea elettrica interrotta, una centrale idrica bloccata.

Le nostre società moderne vivono di connessioni: energia, trasporti, telecomunicazioni, acqua. Un guasto in un singolo punto può generare un **effetto domino** su scala regionale. Una città senza elettricità smette di funzionare: i negozi chiudono, i semafori non regolano più il traffico, i sistemi sanitari collassano. È una forma di guerra che colpisce senza bisogno di eserciti in marcia.

Pressione economica

La guerra può assumere anche la forma di un attacco silenzioso ai mercati.

Inflazione, svalutazione delle monete, restrizioni commerciali, speculazioni su beni essenziali come grano o gas: sono armi meno visibili, ma devastanti.

Quando i prezzi salgono improvvisamente, le famiglie si trovano in difficoltà: bollette insostenibili, scaffali vuoti, salari che non bastano più. Questa è una forma di conflitto che non richiede armi, ma sfrutta le leve economiche per indebolire la popolazione e logorarne la resistenza.

Un conflitto non convenzionale è dunque **una guerra che non sembra una guerra,** proprio perché non utilizza solo soldati e missili, ma **armi invisibili** che agiscono sul cuore della nostra quotidianità: l'energia che consumiamo, le informazioni che leggiamo, i soldi che spendiamo, l'acqua che beviamo.

GUERRE SENZA FRONTI CHIARI

Le guerre del XXI secolo non hanno più linee di trincea né fronti ben definiti. Non ci sono soldati che marciano ordinatamente lungo chilometri di territorio, né dichiarazioni ufficiali che segnano l'inizio delle ostilità.

Le guerre moderne **si infiltrano silenziosamente nella quotidianità**, mimetizzandosi tra guasti tecnici, crisi economiche e "incidenti" apparentemente casuali.

Questa è la loro forza più subdola: mentre nelle guerre tradizionali il nemico era visibile, oggi è quasi impossibile distinguere tra attacco deliberato e fatalità.

◆ Attacchi informatici

Un'intera città può fermarsi nel giro di poche ore senza che venga sparato un colpo.

Un **blackout digitale** significa:

- semafori spenti e traffico paralizzato,
- pagamenti elettronici fuori uso,
- linee telefoniche e internet bloccate,
- ospedali incapaci di gestire emergenze,
- aeroporti e stazioni con voli e treni cancellati.

Un singolo attacco informatico ben mirato può avere lo stesso impatto di un bombardamento sulle infrastrutture, con la differenza che non lascia macerie visibili: lascia **caos e sfiducia**.

◆ Propaganda e disinformazione

Oggi non serve bombardare una città per piegarla: basta dividerne i cittadini.

Fake news, teorie complottiste e manipolazioni diffuse sui social possono:

- distruggere la fiducia verso governi e istituzioni,
- spingere gruppi sociali a scontrarsi tra loro,
- alimentare odio e panico generalizzato.

Una società frammentata e diffidente è una società più debole. In questo tipo di guerra, il vero obiettivo non è conquistare un territorio, ma **logorare la coesione interna** di un popolo.

◆ Sabotaggi invisibili

Molti eventi vengono etichettati come "incidenti", ma hanno conseguenze devastanti come un atto di guerra:

- un incendio "casuale" in un data center che paralizza servizi digitali essenziali,
- un'esplosione "misteriosa" lungo un oleodotto che lascia regioni senza energia,
- un blocco ferroviario improvviso che isola città intere.

Questi episodi raramente vengono dichiarati come attacchi, ma il risultato è lo stesso: interruzione della vita quotidiana, danni economici enormi e perdita di fiducia nel sistema.

! La caratteristica più subdola

La vera insidia di queste guerre senza fronti chiari è che **non vengono dichiarate**.

Restano avvolte nell'ambiguità: sabotaggio o incidente? Hackeraggio o guasto tecnico? Fake news o semplice opinione?

Eppure gli effetti sono equivalenti a quelli di un conflitto tradizionale: città paralizzate, economie indebolite, popolazioni divise.

È una guerra che non sembra una guerra, e proprio per questo è ancora più pericolosa.

CIVILI COME BERSAGLI INDIRETTI

La caratteristica più insidiosa di una guerra a bassa intensità è che **non servono bombe per ottenere l'effetto desiderato**: bastano pochi attacchi mirati ai punti nevralgici di una società per produrre effetti massivi sulla popolazione civile. In questo contesto i civili non sono solo "vittime collaterali": diventano il bersaglio principale perché è la loro capacità di vivere ordinariamente — fare la spesa, curarsi, muoversi, comunicare — che viene colpita.

Come si colpiscono i civili (meccanismi principali)

- **Interruzione dell'energia**: senza elettricità si fermano ascensori, pompe idriche, sistemi di riscaldamento, frigoriferi, semafori, sportelli bancomat e molto altro. In poche ore la vita cittadina diventa logisticamente difficile.

- **Blocco dei servizi finanziari**: se banche e circuiti di pagamento sono inutilizzabili, i cittadini non possono acquistare beni primari. Anche chi ha risparmi è bloccato se i sistemi non consentono accesso.

- **Fermata dei trasporti e della logistica**: senza treni, navi o camion funzionanti, le catene di rifornimento si interrompono. Supermercati e farmacie possono svuotarsi in pochi giorni.

- **Disinformazione e panico**: notizie false o contraddittorie generano corse all'acquisto, accumuli e comportamenti che peggiorano la crisi.

- **Limitazione dell'accesso alle cure**: ospedali rallentati o saturi non riescono a curare patologie comuni; le conseguenze sanitarie diventano rilevanti anche per malattie non connesse alla crisi.

Effetti concreti sulla vita quotidiana

- Lunghe code per acqua o carburante; impossibilità di rifornire persone fragili.
- Scorte di farmaci esaurite, problemi per pazienti cronici.
- Difficoltà a comunicare con familiari lontani (reti sovraccariche o down).
- Aumenti rapidi e disordinati dei prezzi su beni essenziali; violenze o saccheggi nelle aree più fragili.
- Aumento del carico psicologico: ansia, panico di massa, erosione della fiducia nelle istituzioni.

Perché i civili diventano il bersaglio voluto

Colpire i servizi che rendono possibile la vita quotidiana è più economico e meno visibile che distruggere infrastrutture fisiche su larga scala. Il risultato voluto dall'attaccante è il **cedimento della coesione sociale**: quando le persone non si sentono più protette né in grado di provvedere ai bisogni base, la stabilità sociale si incrina rapidamente. È una strategia di logoramento, non necessariamente di conquista territoriale.

Cosa possono fare i cittadini (misure pratiche per ridurre la vulnerabilità)

La protezione completa non esiste, ma diverse azioni concrete abbassano molto il rischio che una crisi si trasformi in cataclisma personale o familiare.

Misure immediate e concrete

- **Scorte minime di emergenza**: acqua (min. 2 l pp/giorno), cibo non deperibile (min. 7–14 giorni), farmaci essenziali (30 giorni per cronici).

- **Contanti**: una piccola riserva di contanti in banconote di taglio basso per acquisti immediati se i sistemi elettronici cadono.

- **Kit sanitario e farmaci**: kit primo soccorso completo + scorte personali per patologie croniche.

- **Energia di riserva**: powerbank, lampade solari/dinamiche, fornello a gas da campeggio (con scorte e uso in sicurezza).

- **Comunicazioni alternative**: radio a batterie/manovella, lista cartacea di numeri utili, punto di ritrovo familiare.

- **Piani familiari provati**: ruoli chiari, punti di ritrovo, esercitazioni semplici.

- **Rete di vicinato**: contatti fidati per scambio informazioni e aiuto reciproco; gruppi di mutuo soccorso locali.

- **Limitare la dipendenza digitale**: copie cartacee di documenti, password conservate offline, evitare di avere tutte le informazioni critiche su un unico dispositivo.

- **Risparmio energetico preventivo**: sapere come mantenere cibi freddi chiudendo frigo/congelatore, usare recipienti termici, consumare prima i freschi.

Comportamenti da adottare in caso di crisi

- Evitare corse e panico: acquistare razionalmente, non farsi contagiare dall'emotività collettiva.

- Seguire canali informativi ufficiali o verificati (protezione civile, autorità locali).

- Mettere al primo posto fragili, anziani e persone con bisogni speciali nella gestione delle risorse.

- Coordinarsi con vicini per distribuire compiti (rifornimenti, sorveglianza, cura).

CHECKLIST PRATICA – DIFENDERSI DA UNA GUERRA NON CONVENZIONALE

1. Ridurre la dipendenza dal digitale

- Mantieni sempre una piccola scorta di **contanti in casa** (almeno per 72 ore di spese essenziali).
- Stampa numeri di emergenza, indirizzi e procedure importanti.
- Conserva copie cartacee di documenti vitali (carta d'identità, passaporto, tessera sanitaria).

2. Kit anti-blackout domestico

- Torce elettriche con batterie di ricambio.
- Powerbank sempre carichi.
- Una lampada solare o a dinamo.
- Candele e fiammiferi (da usare con attenzione).

3. Proteggersi dai cyberattacchi

- Attiva l'autenticazione a due fattori su conti e app bancarie.
- Aggiorna regolarmente software e dispositivi.
- Evita di conservare tutte le password in un unico dispositivo.
- Archivia offline (es. chiavetta USB) i dati sensibili.

4. Riserva minima di beni essenziali

- Acqua potabile per almeno 3 giorni a persona.
- Cibo non deperibile per almeno una settimana.
- Farmaci di prima necessità e un kit di primo soccorso.

5. Comunicazioni alternative

- Una radio a batterie o a dinamo per ricevere notizie.
- Un punto di ritrovo familiare prestabilito, se cellulari e internet non funzionano.

CAPITOLO 2
L'EUROPA SOTTO PRESSIONE

L'Europa è spesso percepita come un continente stabile, moderno e sicuro. Le sue città sono considerate tra le più vivibili al mondo, i suoi servizi sociali come un modello da imitare, la sua economia come un pilastro globale. Ma dietro questa immagine rassicurante si nasconde una realtà fatta di **fragilità strutturali**.

La globalizzazione ha portato grandi benefici, ma ha anche reso l'Europa **fortemente dipendente** da risorse esterne e da sistemi digitali complessi. Le sue metropoli, cuore pulsante della vita economica e sociale, sono tanto potenti quanto vulnerabili. Basta un singolo punto di rottura – un blackout, un'interruzione delle forniture, un cyberattacco – per far tremare l'intero sistema.

Questo capitolo mostra perché l'Europa non è più impermeabile alle crisi globali e perché i suoi cittadini devono prepararsi a scenari che un tempo sembravano appartenere solo ad altri continenti.

FRAGILITÀ DELLE METROPOLI EUROPEE

Le grandi città europee sono motori economici, culturali e tecnologici. Sono i luoghi in cui si concentra la ricchezza, l'innovazione e la vita politica del continente. Ma questa centralità ha un rovescio della medaglia: le metropoli sono anche **i punti più vulnerabili** di tutto il sistema.

Più una città è grande e complessa, più diventa difficile mantenerla stabile quando qualcosa si rompe.

Densità e dipendenza dai servizi

Le metropoli concentrano milioni di persone in spazi relativamente ridotti. Questa densità è un vantaggio per il commercio e la cultura, ma è un **fattore di rischio enorme** in caso di crisi.

- **Evacuazioni impossibili**: spostare anche solo il 10% della popolazione di una grande capitale richiederebbe giorni e un'organizzazione perfetta.
- **Blackout immediato**: un'interruzione elettrica colpisce ascensori, semafori, linee della metropolitana, pompe idriche. In poche ore la città diventa immobile.
- **Crisi idrica**: l'acqua non è solo per bere, ma per cucinare, lavarsi, mantenere igiene negli ospedali. La scarsità porta a tensioni sociali immediate.

• **Rifornimenti fragili**: i supermercati urbani non hanno magazzini grandi. Dipendono da consegne quotidiane. Se la logistica si blocca, gli scaffali si svuotano in meno di 48 ore.

In città ogni cittadino è completamente dipendente da servizi che considera "scontati", ma che in realtà sono fragili e vulnerabili.

Catena delle dipendenze

La vita urbana è resa possibile da una **catena invisibile di servizi interconnessi**:

• **Elettricità** per alimentare case, uffici, ospedali.

• **Acqua** distribuita da reti complesse che richiedono pompe e centrali attive.

• **Raccolta rifiuti** per mantenere l'igiene e prevenire epidemie.

• **Trasporti pubblici e privati** per spostare milioni di persone ogni giorno.

• **Logistica alimentare** che garantisce scorte costanti nei negozi.

Se un solo anello di questa catena si rompe, gli effetti si propagano in tutte le direzioni.

Un blackout non significa solo "niente luce": significa **ospedali paralizzati, pompe idriche ferme, bancomat fuori servizio, supermercati non riforniti**.

Il vero problema non è il singolo guasto, ma l'**effetto domino** che si scatena in un sistema iper-dipendente e senza alternative immediate.

Il paradosso della sicurezza

Più una città appare moderna, efficiente e sicura, più i suoi abitanti si convincono che nulla possa andare storto. La comodità e la tecnologia danno un senso di protezione che spesso si trasforma in **falsa sicurezza**.

Gli abitanti delle metropoli tendono a essere meno preparati degli abitanti delle zone rurali, perché:

• credono che i servizi funzioneranno sempre,

• hanno meno spazio per scorte personali,

• non coltivano reti di vicinato solide,

• non sono abituati a gestire imprevisti quotidiani senza tecnologia.

Il risultato è che, quando il sistema si ferma, le persone reagiscono con panico e smarrimento.

Un blackout di tre giorni in una città moderna produce più caos sociale che settimane di difficoltà in un villaggio rurale.

Il vero paradosso è questo: **la stessa efficienza che rende la città funzionale la rende fragile**, perché i cittadini smettono di immaginare che un'interruzione sia possibile.

DIPENDENZA DA IMPORTAZIONI DI ENERGIA, CIBO E MATERIE PRIME

L'Europa è un continente ricco di storia, conoscenze e capacità industriali, ma non è **autosufficiente**. Il nostro stile di vita, il benessere economico e perfino la sicurezza di base dipendono in larga parte da risorse provenienti dall'estero. Questa dipendenza è un **punto debole strutturale**, che può trasformarsi in un'arma contro di noi in caso di crisi geopolitiche, guerre commerciali o disastri naturali.

Energia

Il fabbisogno energetico europeo si regge su una rete fragile:

- **Gas e petrolio**: importati da paesi extraeuropei, spesso politicamente instabili.
- **Uranio**: necessario per molte centrali nucleari, proveniente da fornitori esterni.
- **Rinnovabili**: in crescita, ma ancora incapaci di coprire la totalità della domanda.

Quando le forniture si interrompono o i prezzi esplodono, gli effetti sono immediati:

- **Blackout diffusi** che paralizzano metropoli e infrastrutture.
- **Bollette alle stelle** che riducono il potere d'acquisto delle famiglie.
- **Servizi pubblici interrotti** (riscaldamento, trasporti, illuminazione).

L'energia è il cuore pulsante della società moderna: senza elettricità, nulla funziona.

Cibo

L'Europa vanta eccellenze agricole, ma la sua autosufficienza alimentare è solo parziale. Dietro gli scaffali pieni dei supermercati si nasconde una catena globale vulnerabile:

- **Fertilizzanti e mangimi** provenienti da altri continenti.
- **Prodotti fuori stagione** che percorrono migliaia di chilometri prima di arrivare sulle nostre tavole.
- **Logistica mondiale** che si basa su trasporti aerei e navali costanti.

Un'interruzione anche breve nelle forniture globali può avere conseguenze rapide: scaffali vuoti, prezzi in aumento e tensioni sociali. Basti pensare a come eventi climatici o blocchi portuali abbiano già provocato rincari immediati sul cibo di base.

Materie prime tecnologiche

Il progresso industriale europeo dipende da risorse che **non possiede**:

- **Metalli rari** (cobalto, litio, terre rare) indispensabili per elettronica, batterie e tecnologie verdi.
- **Minerali strategici** per costruzioni, trasporti e difesa.

Senza queste importazioni, settori come l'automotive, l'aerospazio, l'elettronica e la produzione di energia rinnovabile si fermerebbero in poche settimane.

La tecnologia europea non è "pulita" né indipendente: è collegata a doppio filo con le miniere di altri continenti.

. . .

Il punto debole di un mondo interconnesso

In un'economia globalizzata, la dipendenza dalle importazioni rende l'Europa forte in tempi di pace, ma fragile in tempi di crisi. Basta un blocco navale, una guerra commerciale, una catastrofe naturale in un paese lontano per colpire direttamente la vita quotidiana dei cittadini europei.

Il vero rischio è che questa vulnerabilità venga **sfruttata deliberatamente** come arma: tagliare forniture, alzare i prezzi o interrompere i trasporti può destabilizzare intere nazioni senza bisogno di un singolo attacco militare.

In un mondo interconnesso, ciò che non controlliamo diventa automaticamente un punto debole.

VULNERABILITÀ DELLE RETI DIGITALI E DEI TRASPORTI

La digitalizzazione è una delle grandi conquiste dell'Europa contemporanea. Ha reso più efficiente la vita quotidiana, ha velocizzato i commerci e ha migliorato i servizi. Ma ogni conquista tecnologica porta con sé un lato oscuro: più un sistema è avanzato e interconnesso, più è fragile di fronte ad attacchi mirati.

Oggi l'Europa si regge su due pilastri strettamente collegati: **reti digitali** e **sistemi di trasporto**. Se uno di questi cade, anche l'altro viene trascinato nel caos.

Cyberattacchi: il cuore digitale sotto assedio

Ospedali, banche, trasporti e istituzioni pubbliche funzionano grazie a sistemi informatici centrali. Questo significa che basta un attacco hacker mirato per paralizzare un intero settore.

Esempi realistici:

- **Aeroporti**: un blocco dei sistemi di check-in può provocare cancellazioni di massa e passeggeri bloccati per giorni.
- **Ferrovie**: un attacco ai software di segnalazione può fermare treni in tutta una nazione.
- **Pagamenti elettronici**: se i circuiti bancari smettono di funzionare, milioni di persone non possono acquistare beni primari.

Il danno non è solo tecnico: è psicologico. La fiducia dei cittadini nella stabilità del sistema viene erosa, generando panico.

Effetto domino: la fragilità dell'interconnessione

Un malfunzionamento in un punto critico non resta isolato.

Nelle economie moderne ogni settore è connesso con gli altri:

- Se una banca smette di funzionare → i negozi non ricevono pagamenti.
- Se i negozi si bloccano → i trasporti non riforniscono i magazzini.
- Se i magazzini non ricevono merci → i consumatori restano senza cibo o beni essenziali.

In poche ore, un problema locale può trasformarsi in una crisi **a catena** che paralizza l'intero sistema economico e sociale.

Trasporti come bersaglio strategico

Le reti di trasporto sono le arterie vitali dell'Europa. Strade, porti, aeroporti e ferrovie non spostano solo persone, ma anche cibo, energia, medicinali, materie prime. Un'interruzione della logistica equivale a un attacco al cuore della società.

- **Strade bloccate**: camion fermi significano scaffali vuoti in meno di 48 ore.
- **Porti chiusi**: interruzione degli approvvigionamenti di cibo, carburante e materie prime.
- **Aeroporti**: non solo viaggiatori bloccati, ma anche stop al trasporto di beni urgenti come medicinali.
- **Ferrovie**: un guasto o un sabotaggio può isolare intere regioni, con danni economici immediati.

La rete dei trasporti è un bersaglio ideale perché colpirla significa destabilizzare tutto il resto: economia, sicurezza e fiducia sociale.

Un sistema complesso, ma fragile

L'Europa moderna si fonda su un'illusione di stabilità: un treno che parte puntuale, un pagamento contactless che funziona, una spedizione che arriva il giorno dopo. Ma dietro questa efficienza si nasconde una verità: **basta un singolo punto debole per far crollare l'intera catena.**

UN CONTINENTE ESPOSTO A CRISI GLOBALI

Un tempo la geografia era una forma di protezione per l'Europa. Gli oceani, le catene montuose e i confini naturali rendevano più difficile l'arrivo delle minacce dall'esterno. Oggi però quella barriera non esiste più: viviamo in un **mondo iperconnesso**, in cui persone, merci, dati e capitali viaggiano senza sosta e senza confini visibili.

In questo scenario, una crisi che scoppia a migliaia di chilometri di distanza può trasformarsi in un problema europeo **nel giro di poche ore o settimane**. La globalizzazione ha moltiplicato i benefici in tempi di pace e prosperità, ma ha reso il continente **estremamente vulnerabile** in tempi di crisi.

Crisi sanitarie

Un virus che emerge in un mercato asiatico o in un villaggio africano può attraversare i continenti grazie alla mobilità aerea globale.

Le grandi città europee, con aeroporti internazionali e densità urbana elevata, diventano incubatori perfetti per la diffusione.

- **Esempio realistico**: un paziente infetto che vola da un continente all'altro può innescare focolai in più paesi europei nello stesso giorno.
- **Effetti immediati**: ospedali saturi, carenze di farmaci, quarantene di massa e blocchi economici.

Le pandemie non rispettano i confini politici né le distanze geografiche.

Crisi economiche

L'economia europea è profondamente legata al commercio internazionale. Questo significa che eventi lontani possono avere **conseguenze dirette e immediate** per i cittadini europei.

- Un **blocco commerciale** dall'altra parte del mondo può causare l'interruzione delle forniture di grano, gas o microchip.
- Un **crollo finanziario** in Asia o negli Stati Uniti può generare instabilità nelle borse europee, erodendo risparmi e pensioni.
- Le **catene logistiche globali**, costruite sul "just in time", non hanno margini: basta un porto chiuso o una tratta interrotta per svuotare gli scaffali europei.

L'inflazione, i rincari del carburante e l'aumento del costo della vita possono nascere molto lontano, ma vengono pagati direttamente dalle famiglie europee.

Crisi tecnologiche

L'Europa è profondamente dipendente dalle **infrastrutture digitali globali**. Aziende, governi e cittadini usano piattaforme, servizi cloud e reti che non hanno sede nel continente o che operano su scala planetaria.

- Un **attacco informatico** a una grande piattaforma digitale internazionale può bloccare servizi bancari, comunicazioni o transazioni online in più paesi europei contemporaneamente.
- Un **guasto tecnico** in un data center oltreoceano può avere effetti a catena su milioni di utenti europei.
- La dipendenza da **tecnologie extraeuropee** (chip, server, software) significa che la stabilità non è mai interamente sotto controllo locale.

Nel mondo digitale, non c'è lontananza: un attacco compiuto a migliaia di chilometri può avere effetti immediati sul quartiere sotto casa.

La doppia faccia dell'interconnessione

L'Europa è oggi più connessa che mai. Questo le offre enormi vantaggi in tempi di stabilità: commercio prospero, innovazione tecnologica, mobilità senza confini. Ma la stessa interconnessione diventa una trappola quando qualcosa si rompe.

- In **tempi di stabilità**, la rete globale porta ricchezza, cultura e progresso.
- In **tempi di crisi**, quella stessa rete porta vulnerabilità, dipendenza e instabilità.

La realtà è semplice: più siamo connessi, più siamo esposti.

CHECKLIST PRATICA – EUROPA SOTTO PRESSIONE

1. Per chi vive in città

• Identifica almeno **due vie di fuga alternative** dal tuo quartiere.

• Prepara uno **zaino d'emergenza** (torcia, acqua, snack, documenti, contanti).

• Stabilisci un punto di ritrovo familiare fuori città.

2. Per ridurre la dipendenza esterna

• Conserva **scorte alimentari** minime (pasta, riso, legumi, conserve) per almeno 2 settimane.

• Mantieni una riserva d'acqua (almeno 2 litri al giorno per persona per 7 giorni).

• Acquista piccole risorse autonome: fornello da campeggio, pannello solare portatile, batteria d'emergenza.

3. Per proteggersi dai blackout digitali

• Porta sempre con te una piccola quantità di **contanti**.

• Stampa biglietti e documenti prima di viaggi importanti.

• Conserva backup offline dei dati più sensibili.

CAPITOLO 3
ECONOMIA DI GUERRA E SACRIFICI CIVILI

Ogni guerra, anche quando non si combatte sul proprio territorio, lascia cicatrici profonde sull'economia. La preparazione militare, le sanzioni, la corsa agli armamenti e la crescente instabilità globale non hanno un impatto solo sui governi o sugli eserciti, ma soprattutto sui **cittadini comuni**.

L'Europa, da decenni abituata a investire soprattutto in welfare e sanità, si trova oggi costretta a destinare sempre più risorse al settore militare. Questo spostamento comporta conseguenze dirette: meno ospedali finanziati, meno infrastrutture civili rinnovate, meno supporto alle famiglie in difficoltà.

In altre parole, il **peso economico della guerra** non ricade solo sui bilanci statali, ma soprattutto sulle vite quotidiane delle persone.

AUMENTO DELLE SPESE MILITARI E RIDUZIONE DEI FONDI PER WELFARE E SANITÀ

La logica della corsa agli armamenti

Ogni volta che un continente percepisce una minaccia esterna, la reazione più immediata dei governi è **incrementare la spesa militare**.

La logica è chiara: più investimenti nella difesa dovrebbero tradursi in maggiore sicurezza. Le alleanze internazionali — in particolare la NATO — spingono gli stati membri a destinare almeno il **2% del PIL** alle spese militari.

Per molti paesi europei, raggiungere questa soglia significa **raddoppiare o addirittura triplicare** i fondi oggi destinati alle forze armate. Questo comporta:

• nuovi programmi di acquisto di aerei, droni e carri armati,

• investimenti massicci in cyberdifesa e intelligence,

• rafforzamento della produzione bellica interna.

Tutto ciò genera un effetto domino: industrie della difesa che prosperano, governi che mostrano "muscoli" geopolitici, ma bilanci pubblici sempre più sotto pressione.

Conseguenze per i servizi civili

I bilanci statali non sono illimitati. Ogni euro speso in più per la difesa è un euro in meno disponibile per il **welfare** e per i servizi civili. Questa dinamica raramente viene spiegata con chiarezza ai cittadini, ma le conseguenze sono concrete e misurabili:

• **Sanità**:

  ◦ ospedali che non riescono ad assumere personale qualificato,

  ◦ liste d'attesa sempre più lunghe,

  ◦ riduzione delle ambulanze o dei servizi di emergenza nelle zone rurali.

• **Istruzione**:

  ◦ scuole che rimangono senza manutenzione,

  ◦ stipendi degli insegnanti che non reggono l'inflazione,

  ◦ meno fondi per università e ricerca scientifica, con perdita di competitività a livello globale.

• **Infrastrutture civili**:

  ◦ strade, ponti e ferrovie che non vengono rinnovati con la necessaria frequenza,

  ◦ reti idriche ed elettriche obsolete, più vulnerabili a blackout o incidenti,

  ◦ degrado urbano che riduce la qualità della vita dei cittadini.

In sintesi: l'investimento militare cresce, ma la **vita quotidiana dei cittadini peggiora** in modo lento e quasi invisibile.

L'effetto invisibile

Il punto più critico è che i cittadini raramente collegano i due fenomeni.

Quando chiude un ospedale o quando una scuola cade a pezzi, pochi fanno il legame con il fatto che miliardi sono stati spostati verso l'acquisto di armamenti.

La narrazione pubblica tende a giustificare la spesa militare come "necessaria alla sicurezza", ma non racconta che il prezzo reale si paga con:

• cure sanitarie meno accessibili,

• educazione di qualità inferiore,

• infrastrutture civili meno sicure.

Col tempo, questa erosione silenziosa genera un **paradosso sociale**: mentre i governi si armano per proteggere i cittadini da minacce esterne, i cittadini vedono peggiorare la loro sicurezza interna — quella legata alla salute, all'istruzione, alla stabilità economica.

In altre parole, **ogni arma in più può significare un medico in meno, un insegnante in meno, un ponte che non viene riparato**.

Il cittadino comune non sente immediatamente il peso della corsa agli armamenti, ma lo paga ogni giorno attraverso servizi civili più deboli.

INFLAZIONE, CRISI DEL POTERE D'ACQUISTO E DEBITO CRESCENTE

L'inflazione come arma indiretta

La guerra del XXI secolo non si combatte solo con missili e carri armati: anche i prezzi diventano un'arma. Ogni interruzione nelle forniture di energia, cibo o materie prime si traduce in **aumenti improvvisi dei costi**. L'inflazione, che di per sé è un fenomeno economico, in questo contesto diventa un **mezzo di pressione politica e sociale**.

Gli effetti sono immediati e tangibili:

- **Bollette energetiche** che lievitano, costringendo famiglie e imprese a ridurre i consumi.

- **Spesa alimentare più cara**, con beni di prima necessità che aumentano mese dopo mese.

- **Stipendi stagnanti**, che non crescono allo stesso ritmo dei prezzi, erodendo la capacità di acquisto reale.

In altre parole, il cittadino comune paga di più per ottenere di meno, diventando vittima di una guerra economica che non ha esplosioni ma lascia ferite profonde nel bilancio familiare.

Il peso del debito pubblico

Per finanziare spese militari crescenti e affrontare le emergenze, gli stati europei ricorrono spesso al **debito pubblico**. Questo significa contrarre prestiti sui mercati finanziari, con la promessa di ripagarli in futuro.

Ma il debito ha un costo:

- **Tasse future più alte**: ciò che oggi sembra una soluzione, domani diventa un fardello per cittadini e imprese.

- **Generazioni giovani penalizzate**: i giovani di oggi erediteranno un peso finanziario che limiterà la loro possibilità di crescita.

- **Riduzione delle politiche sociali**: più risorse destinate al rimborso del debito equivalgono a meno margine per investimenti in sanità, scuola e infrastrutture.

In sostanza, il debito non è solo un problema economico astratto, ma un **vincolo concreto** che riduce la qualità della vita delle persone.

La spirale del potere d'acquisto

Quando inflazione e debito si combinano, nasce una **spirale difficile da spezzare**:

1 I cittadini vedono diminuire il proprio potere d'acquisto.

2 I governi aumentano la spesa per la difesa e per le emergenze.

3 Per finanziare questa spesa, si ricorre a nuovo debito.

4 Il debito impone tasse più alte o tagli ai servizi.

5 I cittadini, già impoveriti dall'inflazione, vedono ridursi anche le tutele pubbliche.

È un circolo vizioso in cui il costo reale della guerra non è pagato al fronte, ma nelle **case dei cittadini comuni**: nelle bollette, nei carrelli della spesa, nelle tasse che erodono ulteriormente i redditi.

Il rischio di lungo periodo

Se questa dinamica persiste, l'Europa rischia una **doppia erosione**:

- sul piano sociale, con una popolazione sempre più disillusa e impoverita;
- sul piano politico, con istituzioni fragili, costrette a scegliere tra sicurezza militare e benessere civile.

In questo scenario, la vera vittima della guerra economica non è lo Stato, ma il cittadino che si trova ogni giorno a **fare i conti con meno risorse e meno opportunità**.

RISCHIO DI AUSTERITÀ E TAGLI AI SERVIZI PUBBLICI

Austerità come "cura" al debito

Quando i conti pubblici peggiorano — a causa di guerre, crisi economiche o spese militari crescenti — i governi cercano soluzioni rapide. Una delle più frequenti è l'**austerità**, ovvero una politica che combina **tagli alla spesa pubblica** e **aumento delle tasse**.

Sulla carta, l'austerità è presentata come una medicina necessaria per riportare i conti in equilibrio. Nella pratica, però, significa una cosa sola: **meno sostegno ai cittadini proprio quando avrebbero più bisogno dello Stato**.

Tagli visibili e invisibili

Non tutti i tagli sono immediatamente percepibili. Alcuni sono evidenti, altri più subdoli ma altrettanto gravi.

- **Tagli visibili**
  - Chiusura di ospedali e reparti sanitari.
  - Scuole e università con meno fondi, classi più affollate e meno insegnanti.
  - Pensioni ridotte o congelate.
- **Tagli invisibili**
  - Servizi che continuano ad esistere ma funzionano a rilento.
  - Strade, ponti, reti idriche ed elettriche che non ricevono manutenzione tempestiva.
  - Standard di qualità silenziosamente abbassati (ad esempio tempi di attesa più lunghi per visite mediche o procedure burocratiche).

I tagli invisibili sono i più pericolosi, perché **erodono lentamente la fiducia dei cittadini**, senza generare proteste immediate.

Il rischio di un effetto domino

Un sistema sociale impoverito non è solo meno efficiente: è anche **meno resiliente**.

Se ospedali, scuole e infrastrutture vengono indeboliti, l'intera società diventa più fragile di fronte a nuove crisi.

- Una sanità ridotta non regge l'urto di una nuova pandemia.
- Un sistema educativo impoverito crea generazioni meno preparate ad affrontare sfide complesse.
- Infrastrutture non mantenute aumentano il rischio di incidenti, blackout e disastri.

Col tempo, questa fragilità si traduce in un circolo vizioso: la popolazione diventa più stanca, più povera e più sfiduciata. Una società in queste condizioni è **più difficile da proteggere e più facile da destabilizzare** — esattamente l'obiettivo di chi usa la guerra economica come strumento di pressione.

La contraddizione dell'austerità

Il paradosso è evidente: l'austerità viene presentata come una cura, ma in realtà spesso aggrava la malattia.

Tagliare servizi essenziali significa ridurre la capacità di una nazione di reagire alle difficoltà future. È come risparmiare sul tetto mentre piove: forse si spende meno nell'immediato, ma al prossimo temporale la casa sarà allagata.

Una popolazione impoverita, senza sostegni e senza fiducia, non solo soffre di più: diventa anche più vulnerabile a disinformazione, estremismi e conflitti sociali.

LA POPOLAZIONE COME PRIMA VITTIMA

Alla fine, chi paga davvero il prezzo delle economie di guerra non sono i governi né le élite economiche. Sono i **cittadini comuni**, che non hanno strumenti per proteggersi dagli effetti a cascata di conflitti, inflazione e austerità.

Famiglie sotto pressione

Le famiglie rappresentano il primo fronte su cui si scaricano i costi.

• I risparmi accumulati negli anni si riducono rapidamente a causa di bollette e spesa sempre più care.

• Mutui e prestiti diventano più difficili da sostenere se i tassi d'interesse aumentano.

• La sicurezza economica si sgretola: ciò che prima era destinato a vacanze o progetti futuri diventa denaro speso per sopravvivere al quotidiano.

Le economie familiari non crollano di colpo, ma si erodono lentamente, fino a far percepire la normalità come un lusso.

Giovani senza opportunità

Le nuove generazioni sono tra le più penalizzate.

• Le scuole e le università ricevono meno fondi, offrendo una formazione meno competitiva.

• Le opportunità lavorative si riducono: più precarietà, meno possibilità di carriera.

• I giovani si trovano schiacciati tra un presente incerto e un futuro gravato dal debito pubblico accumulato.

Il risultato è una generazione che rischia di sentirsi senza prospettive, vulnerabile alla frustrazione e alla sfiducia verso le istituzioni.

Sanità in crisi nei momenti critici

I servizi sanitari diventano meno accessibili proprio quando servono di più.

• Ospedali sottofinanziati non riescono a gestire emergenze come pandemie o crisi di massa.

• Liste d'attesa lunghe rendono difficili anche cure di base.

• I cittadini con malattie croniche o fragilità sono i primi a soffrire, spesso senza alternative.

La sanità non è solo un servizio: è un pilastro della coesione sociale. Quando vacilla, vacilla anche la fiducia collettiva.

Un logoramento sociale lento e costante

Le guerre "a bassa intensità" non distruggono con le bombe, ma con la **corrosione silenziosa** della stabilità sociale.

• Comunità più divise, con cittadini che competono per risorse sempre più scarse.

• Fiducia nelle istituzioni che si erode anno dopo anno.

• Sensazione diffusa che il futuro sia incerto e che "nessuno protegga davvero i cittadini".

Questo logoramento non si vede nelle prime pagine dei giornali, ma lascia cicatrici più profonde delle macerie materiali: la sfiducia, la rassegnazione, la perdita del senso di comunità.

CHECKLIST PRATICA – ECONOMIA DI GUERRA

1. Sul fronte finanziario

• Tieni sempre una piccola scorta di **contanti** in casa.

• Non affidarti a un unico strumento finanziario: diversifica tra conto corrente, contanti e piccoli beni concreti.

• Riduci al minimo i debiti personali in tempi di incertezza.

2. Sul fronte domestico

• Riduci le spese superflue e concentra le risorse su ciò che è essenziale.

- Acquista **scorte alimentari** nei periodi di stabilità, non durante i picchi inflattivi.
- Investi in strumenti durevoli che riducono la dipendenza dal sistema (pannelli solari portatili, stufe a gas, batterie ricaricabili).

3. Sul fronte psicologico

- Preparati mentalmente a una riduzione temporanea dei servizi pubblici.
- Educa i figli al valore del risparmio e dell'uso consapevole delle risorse.
- Crea reti di sostegno con vicini, amici e comunità locali: la cooperazione riduce i costi e aumenta la resilienza.

CAPITOLO 4
MINACCE BIOLOGICHE E SANITARIE

La sicurezza di un continente non si misura solo dai suoi confini militari o dalla sua stabilità economica. Esiste un nemico invisibile, capace di superare frontiere e tecnologie: le **minacce biologiche**.

Le malattie non hanno bisogno di eserciti per diffondersi. Possono viaggiare con le zanzare, gli animali, l'acqua o, più semplicemente, con le persone. E in un mondo globalizzato, un virus che emerge in un villaggio remoto può raggiungere le metropoli europee in poche settimane.

Gli ultimi decenni hanno dimostrato come i sistemi sanitari, pur avanzati, possano entrare rapidamente in crisi di fronte a pandemie o nuove epidemie. In un contesto già fragile, l'Europa si trova oggi più esposta che mai.

MALATTIE TRASMESSE DA ZANZARE: UNA NUOVA FRONTIERA DEL RISCHIO

Per secoli l'Europa è stata considerata al riparo dalle malattie trasmesse da insetti tipiche delle regioni tropicali. Tuttavia, gli ultimi decenni hanno cambiato radicalmente lo scenario. **Globalizzazione, mobilità internazionale e cambiamenti climatici** hanno aperto le porte a virus un tempo circoscritti a continenti lontani.

Le zanzare, da fastidiosi insetti estivi, stanno diventando veri e propri **vettori globali di malattie**. Con estati sempre più calde e inverni più miti, il loro habitat si estende anche in aree europee dove un tempo non riuscivano a sopravvivere.

Dengue

Un tempo confinata in Asia e Sud America, la Dengue ha iniziato a registrare **casi autoctoni in Europa**, segno che il virus non arriva solo tramite viaggiatori infetti, ma che si sta adattando all'ambiente locale.

- **Trasmissione**: attraverso la puntura di zanzare infette, in particolare *Aedes aegypti* e *Aedes albopictus* (zanzara tigre).
- **Sintomi**: febbre alta, dolori muscolari e articolari, cefalea intensa; nei casi più gravi, forme emorragiche potenzialmente letali.
- **Impatto sociale**: anche pochi focolai possono sovraccaricare i sistemi sanitari, impreparati a gestire malattie infettive "esotiche".

West Nile

Il virus del **Nilo Occidentale** è già una realtà in molte regioni europee, con focolai stagionali che colpiscono in particolare durante i mesi estivi.

• **Trasmissione**: le zanzare pungono uccelli infetti e successivamente trasmettono il virus agli esseri umani.

• **Sintomi**: nella maggior parte dei casi asintomatico, ma nei casi gravi può colpire il sistema nervoso centrale, causando encefalite o meningite.

• **Rischio**: è particolarmente pericoloso per anziani e persone immunodepresse, aumentando la pressione sui sistemi sanitari già fragili.

Chikungunya

La **Chikungunya** è un altro virus tropicale che ha raggiunto l'Europa, favorito dalla diffusione della **zanzara tigre (Aedes albopictus)**, ormai stabilmente insediata nel continente.

• **Trasmissione**: puntura della zanzara tigre infetta.

• **Sintomi**: febbre acuta, dolori articolari molto forti che possono durare settimane o mesi.

• **Conseguenze**: riduce drasticamente la capacità lavorativa e la qualità della vita dei malati anche dopo la fase acuta.

Perché è importante

Il cambiamento climatico e la globalizzazione hanno trasformato le zanzare in **armi biologiche inconsapevoli**, capaci di portare malattie in zone dove prima erano impensabili.

• **Clima**: estati più lunghe e calde creano l'habitat perfetto per la riproduzione delle zanzare.

• **Mobilità**: viaggi internazionali e commercio globale facilitano la diffusione di specie invasive.

• **Urbanizzazione**: città dense e ricche di ristagni d'acqua (tombini, giardini, bidoni) offrono habitat ideali.

Questo significa che anche un continente "sicuro" come l'Europa deve prepararsi ad affrontare **epidemie trasmesse da insetti**, un rischio che fino a pochi anni fa era considerato lontano e marginale.

POSSIBILI NUOVE PANDEMIE GLOBALI

La pandemia di COVID-19 ha mostrato quanto fragile sia l'equilibrio della società moderna. In poche settimane, un virus respiratorio è riuscito a bloccare trasporti, economie e sistemi sanitari di tutto il mondo. Non è stato il primo caso nella storia e, secondo la comunità scientifica, **non sarà l'ultimo**.

Le pandemie non sono eventi eccezionali e rari, ma **parte integrante del rapporto tra esseri umani e natura**. Il problema è che oggi, a causa della globalizzazione e del cambiamento ambientale, il rischio che emergano nuovi agenti patogeni è molto più elevato.

Il rischio concreto

Tre fattori principali rendono una nuova pandemia globale **altamente probabile**:

• **Virus zoonotici**

Sempre più virus saltano dagli animali all'uomo (spillover). Mercati di animali vivi, allevamenti intensivi e specie selvatiche a contatto con l'uomo creano un terreno fertile per la nascita di nuove malattie.

• **Deforestazione e perdita di habitat**

La distruzione delle foreste porta milioni di animali portatori di virus a spostarsi vicino a villaggi e città, aumentando il rischio di contagio.

• **Mobilità globale**

In un mondo iperconnesso, un virus che compare in un remoto villaggio può arrivare in una metropoli europea in meno di 24 ore. Aerei, navi e flussi turistici trasformano ogni focolaio locale in una minaccia globale.

Scenari possibili

Gli scienziati avvertono che le future pandemie potrebbero assumere forme diverse:

• **Una nuova influenza particolarmente aggressiva**

I virus influenzali mutano costantemente. Una nuova variante potrebbe combinare **alta trasmissibilità** e **letalità elevata**, superando le capacità di risposta dei sistemi sanitari.

• **Virus respiratori con mutazioni rapide**

Come dimostrato dal COVID-19, i virus respiratori hanno la capacità di diffondersi con estrema velocità e di mutare in forme sempre più difficili da controllare.

• **Malattie sconosciute ("Disease X")**

L'Organizzazione Mondiale della Sanità utilizza il termine *Disease X* per indicare una futura malattia di origine ignota, che potrebbe avere un impatto devastante. Per questi agenti patogeni non esistono ancora vaccini o cure, e lo sviluppo di contromisure richiederebbe mesi o anni.

Perché è una certezza, non solo un'ipotesi

La comunità scientifica è unanime: una nuova pandemia globale **non è un'eventualità remota**, ma un evento praticamente inevitabile. La vera incognita non è "se" accadrà, ma **quando** e **quanto sarà grave**.

La sfida non è eliminare il rischio (impossibile), ma **prepararsi**: sistemi sanitari resilienti, reti di allerta precoce, scorte di farmaci e una popolazione informata possono fare la differenza tra un'emergenza gestibile e un disastro incontrollabile.

UN SISTEMA SANITARIO EUROPEO GIÀ FRAGILE

L'Europa può vantare sistemi sanitari considerati tra i migliori al mondo per qualità di cure, accessibilità e tecnologia. Tuttavia, sotto questa superficie di eccellenza si celano **debolezze strutturali** che rendono il continente vulnerabile a shock improvvisi, come pandemie, crisi energetiche o guerre ibride.

Ospedali sotto pressione

Molti sistemi sanitari europei vivono una condizione di **stress cronico** già in tempi di normalità.

- **Mancanza di personale sanitario**: medici e infermieri sono sempre meno, spesso costretti a turni estenuanti che aumentano errori e burnout. In molti paesi, le nuove generazioni scelgono professioni diverse, lasciando vuoti difficili da colmare.

- **Tempi di attesa sempre più lunghi**: anche per cure di base, come visite specialistiche o esami diagnostici, i cittadini si trovano a dover attendere settimane o mesi. In caso di emergenze di massa, questa lentezza diventa insostenibile.

- **Strutture vecchie e insufficienti**: molti ospedali europei sono stati costruiti decenni fa e non sono stati adeguatamente modernizzati. Le sale disponibili non basterebbero in caso di una pandemia con ricoveri simultanei o di un disastro naturale su larga scala.

☞ Questo significa che, di fronte a una crisi, il sistema rischia di collassare rapidamente.

Dipendenza da forniture esterne

L'Europa non è autosufficiente nemmeno sul piano sanitario. Una parte significativa di farmaci e dispositivi medici proviene da altre aree del mondo, in particolare Asia e Medio Oriente.

- Antibiotici, analgesici e farmaci salvavita sono prodotti in larga parte fuori dal continente.

- Dispositivi come mascherine, guanti, siringhe e respiratori dipendono da catene logistiche globali.

- Una crisi geopolitica o commerciale può bloccare le forniture, lasciando gli ospedali senza strumenti di base.

☞ Durante la pandemia di COVID-19, molti paesi europei hanno sperimentato sulla propria pelle cosa signifìchi competere tra stati per accaparrarsi forniture limitate.

Una popolazione che invecchia

Uno dei fattori più critici è la **demografia europea**.

- La popolazione è sempre più anziana, con una crescente domanda di cure croniche, terapie a lungo termine e farmaci quotidiani.

- Una società che invecchia ha meno risorse attive nella forza lavoro sanitaria e più persone che necessitano assistenza.

- Gli anziani sono anche la fascia più vulnerabile a pandemie, ondate di calore e crisi energetiche che possono colpire il funzionamento degli ospedali.

☞ L'invecchiamento non è solo un dato statistico: è un fattore che riduce la **resilienza collettiva**. Più cittadini fragili significa maggiore pressione su un sistema già debole.

Il paradosso della sanità europea

La sanità europea è tra le più avanzate a livello tecnologico, ma allo stesso tempo è **fragile sul piano organizzativo ed economico**. Dispone di strumenti sofisticati, ma rischia di non riuscire a garantirne l'uso diffuso quando la domanda cresce all'improvviso.

☞ In altre parole, **non basta avere ottime cure disponibili: serve un sistema capace di reggere le crisi**. E oggi, in molte aree del continente, questo non è garantito.

IMPATTO DIRETTO SUI CITTADINI

Quando il sistema sanitario entra in crisi sotto il peso di un'epidemia o di un evento straordinario, il primo effetto non si vede nelle statistiche, ma nella **vita quotidiana dei cittadini comuni**.

Le fragilità strutturali di ospedali, farmacie e servizi di emergenza diventano problemi tangibili che ogni famiglia si trova a fronteggiare.

Cure ritardate o non disponibili

Le emergenze di massa saturano rapidamente gli ospedali. Questo significa:

• Visite e interventi programmati rimandati per mesi.

• Pazienti cronici che non riescono a fare controlli regolari.

• Ambulanze costrette a deviare per mancanza di posti letto.

☞ Il risultato è che **non solo chi si ammala di una nuova epidemia soffre**, ma anche chi ha bisogno di cure ordinarie, come malati di cuore o pazienti oncologici.

Aumento dei costi per l'accesso alle cure

Quando le risorse scarseggiano, cresce il rischio che le cure diventino più costose.

• Farmaci che in condizioni normali costavano pochi euro possono subire rincari per carenza di scorte.

• Le famiglie potrebbero dover ricorrere a cliniche private per accorciare i tempi di attesa, aumentando il peso economico.

• Persino beni di base come mascherine e disinfettanti, in caso di panico collettivo, possono arrivare a costi esorbitanti.

Isolamento e quarantena

Le pandemie non si combattono solo negli ospedali, ma anche nelle case.

• I cittadini possono essere costretti a lunghi periodi di isolamento, con conseguenze psicologiche e sociali.

• Le famiglie devono sapersi organizzare per garantire approvvigionamenti, igiene e gestione quotidiana durante le restrizioni.

• Chi vive da solo rischia di essere maggiormente esposto a solitudine e mancanza di supporto.

☞ L'isolamento non è solo una misura sanitaria: è anche una prova di **resilienza mentale e organizzativa**.

Protezione delle persone fragili

Le categorie più vulnerabili sono le prime a pagare il prezzo di un sistema sanitario indebolito:

• **Anziani**, più esposti alle complicazioni e meno capaci di gestire in autonomia periodi di emergenza.

• **Bambini**, che hanno bisogno di cure tempestive e continuità nei vaccini.

• **Malati cronici**, che senza farmaci regolari rischiano aggravamenti rapidi.

Proteggere i fragili significa proteggere l'intera comunità. Se queste categorie cedono, il carico sociale ricade su famiglie e reti locali.

Il messaggio centrale

Una crisi sanitaria non è un problema lontano da "esperti e ospedali": è una questione che tocca **ogni casa, ogni famiglia, ogni cittadino**.

Delegare tutto al sistema sanitario è pericoloso, perché in caso di collasso le istituzioni non riescono a rispondere immediatamente ai bisogni di tutti.

Prepararsi significa:

- avere scorte minime di farmaci e presidi sanitari,
- conoscere le basi del primo soccorso,
- sapere come gestire i primi giorni di emergenza in autonomia.

CHECKLIST PRATICA – MINACCE BIOLOGICHE E SANITARIE

1. Prevenzione domestica

- Installa **zanzariere** alle finestre.
- Usa repellenti cutanei nelle stagioni a rischio.
- Evita ristagni d'acqua in giardini e balconi (luogo ideale per la riproduzione delle zanzare).

2. Riserva sanitaria di base

- Mantieni in casa un piccolo **kit medico** con termometro, disinfettanti, guanti monouso, mascherine.
- Conserva una scorta minima di farmaci essenziali (analgesici, antipiretici, farmaci per patologie croniche).
- Acquista soluzioni idratanti e sali minerali per gestire febbri o disidratazioni.

3. Preparazione familiare

- Stabilisci procedure familiari in caso di malattia contagiosa (stanza isolata, uso di mascherine, igiene rigorosa).
- Identifica i centri medici e gli ospedali più vicini.
- Tieni a disposizione i numeri di emergenza sanitaria e dei medici di base.

4. Comunità e resilienza

- Partecipa a reti locali di supporto: vicini, gruppi di quartiere, volontariato.
- Educa i bambini all'igiene personale e all'importanza di lavarsi le mani.
- Considera strumenti semplici per la purificazione dell'acqua in caso di emergenze.

PARTE II - SCENARI DI CRISI IN EUROPA

Se la prima parte del libro ha mostrato come il mondo stia cambiando e come la guerra del XXI secolo non segua più regole convenzionali, questa seconda sezione entra nel cuore delle **crisi concrete che potrebbero colpire l'Europa.**

Non parliamo di ipotesi lontane o di catastrofi cinematografiche. Parliamo di eventi già sperimentati in forma locale – blackout, epidemie, crisi economiche, blocchi energetici – che, in uno scenario instabile, possono manifestarsi su larga scala.

Ogni capitolo di questa sezione esplorerà un **possibile scenario critico**:

- Un'interruzione della corrente elettrica che dura giorni.

- Una nuova pandemia che mette sotto pressione ospedali già fragili.

- Una crisi economica che riduce drasticamente il potere d'acquisto delle famiglie.

- Un collasso dei trasporti o delle catene di approvvigionamento che lascia scaffali vuoti.

Per ciascun rischio analizzeremo:

1 Come e perché può accadere.

2 Quali conseguenze immediate avrebbe sulla vita quotidiana.

3 Come prepararsi in modo concreto, familiare e comunitario.

L'obiettivo non è spaventare, ma fornire strumenti per **vedere in anticipo i segnali di vulnerabilità** e affrontarli con lucidità.

In un continente dove milioni di persone vivono in metropoli dense, dipendono da reti digitali e logistiche complesse e confidano in un sistema sanitario già sotto pressione, la preparazione individuale non è un lusso: è una necessità.

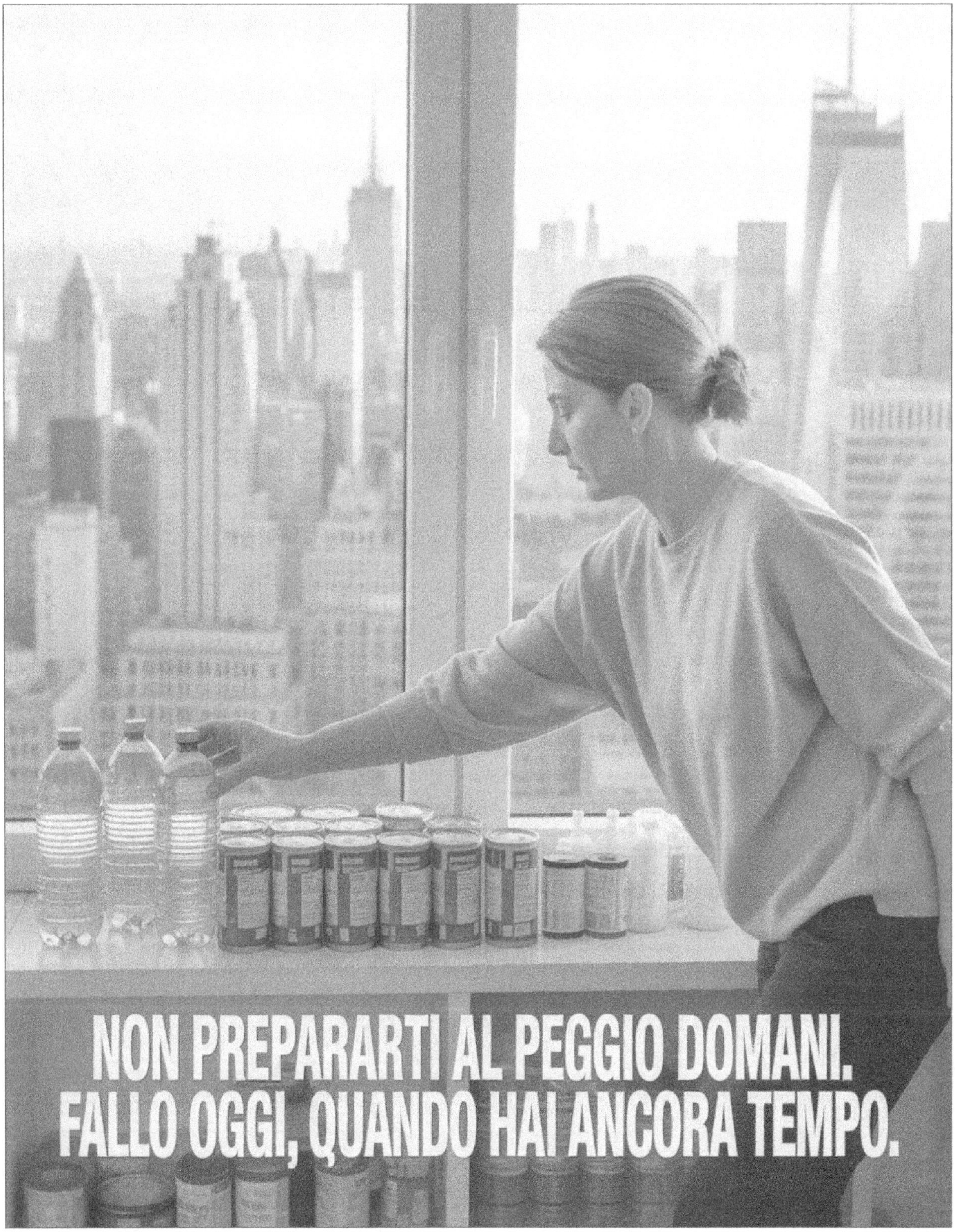
NON PREPARARTI AL PEGGIO DOMANI.
FALLO OGGI, QUANDO HAI ANCORA TEMPO.

CAPITOLO 5
BLACKOUT ENERGETICI E DIGITALI

L'Europa moderna si regge su un'infrastruttura invisibile ma vitale: **l'energia e le reti digitali**. Senza di esse, tutto ciò che consideriamo "normale" – dal riscaldamento al frigorifero, dai bancomat alle carte di credito, dai treni ad alta velocità fino ai nostri smartphone – si ferma in poche ore.

Un blackout non è solo un disagio: è un **fattore di vulnerabilità sociale**. Un attacco mirato o un sabotaggio ben orchestrato può paralizzare città intere, mentre un cyberattacco può impedire persino l'accesso al denaro o ai trasporti.

Il vero rischio non è solo la mancanza di corrente, ma l'effetto domino che coinvolge ogni aspetto della vita quotidiana.

SABOTAGGI E VULNERABILITÀ DELLE RETI ELETTRICHE

Una rete interconnessa e fragile

L'Europa possiede una delle reti elettriche più estese e tecnologicamente avanzate al mondo. Questa rete interconnessa garantisce stabilità e riduzione dei costi: un paese può importare energia da un altro in caso di necessità.

Ma la stessa interconnessione che rende efficiente il sistema lo rende anche **fragile**. Un singolo guasto in una centrale, un sabotaggio mirato o un attacco digitale possono avere ripercussioni a centinaia di chilometri di distanza, generando un effetto domino difficile da controllare.

Tipologie di rischio

1 Sabotaggi fisici

° Attacchi intenzionali a centrali elettriche, trasformatori o linee ad alta tensione.

° Esplosioni, incendi o manomissioni che colpiscono infrastrutture difficili da proteggere perché diffuse su ampi territori.

° Oleodotti e gasdotti che alimentano centrali elettriche sono anch'essi obiettivi vulnerabili.

· · ·

2 Eventi naturali

◦ Tempeste violente possono abbattere linee elettriche in poche ore.

◦ Inondazioni e alluvioni mettono fuori uso intere centrali.

◦ Ondate di calore, sempre più frequenti, sovraccaricano i sistemi di raffreddamento e provocano blackout estesi.

3 Errori tecnici ed effetto domino

◦ Una semplice anomalia, se non contenuta in tempo, può propagarsi lungo la rete interconnessa e spegnere intere aree metropolitane.

◦ In passato, blackout in una singola centrale hanno lasciato al buio milioni di persone in più paesi contemporaneamente.

Conseguenze dirette

Un blackout non è solo un'interruzione temporanea della luce: è la **sospensione improvvisa della vita moderna**.

- **Ascensori fermi**: persone bloccate per ore in palazzi alti, con rischi sanitari per anziani e bambini.

- **Riscaldamento e refrigerazione fuori uso**: nelle ondate di freddo o di calore, le conseguenze possono diventare letali.

- **Acqua potabile a rischio**: senza elettricità, le pompe che portano l'acqua nelle case smettono di funzionare.

- **Traffico urbano nel caos**: semafori spenti, trasporti pubblici interrotti, metropolitane e tram bloccati.

- **Comunicazioni compromesse**: telefoni e internet fuori uso dopo poche ore di assenza di corrente, rendendo difficile coordinare i soccorsi.

Il significato di un blackout

Un blackout non è soltanto "buio": è la **rottura del patto invisibile della modernità**, quello che dà per scontato luce, calore, acqua e connessioni digitali.

Bastano poche ore senza elettricità per trasformare una grande città in un luogo fragile, disorganizzato e insicuro.

CYBERATTACCHI A BANCHE, PAGAMENTI ELETTRONICI E TRASPORTI

La dipendenza dal digitale

Negli ultimi anni l'Europa ha accelerato la transizione verso un'economia digitale.

Il denaro contante viene usato sempre meno, sostituito da:

- carte di credito e debito,

- app bancarie su smartphone,

- piattaforme di pagamento online,

- sistemi contactless in supermercati e trasporti pubblici.

Questa comodità, però, ha un prezzo: **una crescente vulnerabilità**. Se un attacco informatico colpisce i sistemi centrali delle banche o delle reti di pagamento, intere società rischiano di bloccarsi nel giro di poche ore.

Scenari realistici

1 Banche offline

- I correntisti non riescono ad accedere ai propri conti.
- I bancomat smettono di funzionare.
- Persone e aziende non possono effettuare prelievi né trasferimenti.

2 Pagamenti elettronici bloccati

- Supermercati incapaci di accettare carte o pagamenti digitali.
- Distributori di carburante fuori uso, impedendo rifornimenti.
- Farmacie che non possono vendere farmaci se il cliente non ha contanti.

3 Trasporti interrotti

- Check-in in tilt negli aeroporti: voli cancellati o ritardati.
- Biglietterie ferroviarie offline, impossibilità di acquistare biglietti.
- Metropolitane e trasporti pubblici che dipendono da sistemi digitali bloccati.

In tutti questi scenari, il collasso non è "fisico" ma informatico, eppure gli effetti sono identici a quelli di un disastro naturale.

L'effetto psicologico

Oltre al danno pratico, c'è il fattore psicologico, che spesso amplifica il caos.

- **Panico immediato**: quando le persone non possono accedere ai propri soldi, la percezione di sicurezza economica crolla.
- **Reazioni compulsive**: corse ai supermercati per fare scorte di cibo, file ai bancomat non funzionanti, caos nei distributori di benzina.
- **Tensioni sociali**: litigi tra clienti e commercianti, proteste nelle banche, disordini urbani in caso di blackout prolungato.

Bastano poche ore di blackout digitale per generare un clima di **insicurezza collettiva**, che può destabilizzare città e regioni anche senza colpi di arma da fuoco.

BOX PRATICO: PERCHÉ AVERE CONTANTI IN CASA

Negli ultimi anni, persino la **Banca Centrale Europea (BCE)** ha sottolineato l'importanza di mantenere sempre una certa quantità di contanti a disposizione. Non è un ritorno nostalgico al passato, ma una misura di **resilienza finanziaria**: quando i sistemi digitali smettono di funzionare, il denaro contante diventa immediatamente l'unico strumento affidabile.

. . .

Perché i contanti restano vitali

• Indipendenti dall'elettricità e da internet

A differenza delle carte e delle app bancarie, il contante non ha bisogno di connessione o corrente per funzionare. In un blackout o in un cyberattacco, può fare la differenza.

• Accettati ovunque

Anche piccoli negozi, mercati rionali e farmacie continuano ad accettare banconote e monete, anche quando i POS sono fuori uso.

• Accesso immediato ai beni essenziali

Cibo, acqua, farmaci, carburante: nelle prime ore di una crisi, questi beni diventano vitali. Avere contanti permette di comprarli subito, senza doversi affidare a sistemi elettronici instabili.

Quanto tenere in casa

Non serve accumulare grandi somme. L'obiettivo non è sostituire il sistema bancario, ma **garantire autonomia nei primi giorni di emergenza**.

• 72 ore di spese familiari: una quantità sufficiente per coprire cibo, acqua, carburante e farmaci per tre giorni.

• Banconote di piccolo taglio: da 5, 10 o 20 euro, per facilitare gli scambi anche quando i negozi non hanno resto disponibile.

• Conservazione sicura: custodire i contanti in un luogo protetto ma facilmente accessibile, evitando di rivelare ad altri dove si trovano.

Il vero valore dei contanti

Non è una questione di "quanto", ma di **avere sempre la certezza di poter acquistare ciò che serve nei primi giorni di emergenza**.

Quando le reti digitali crollano, il contante non perde mai la sua funzione primaria: garantire sopravvivenza e continuità.

L'EFFETTO DOMINO DI UN BLACKOUT PROLUNGATO

Un blackout di poche ore viene spesso percepito come un fastidio temporaneo: niente luce, niente ascensori, qualche disagio.

Ma quando l'interruzione si prolunga per giorni, il problema si trasforma rapidamente in una **crisi sociale diffusa**, con effetti a catena che colpiscono ogni aspetto della vita quotidiana.

Prime 24 ore – Disagio e confusione

• Trasporti in tilt: semafori spenti, metropolitane e treni fermi, aeroporti nel caos.

• Supermercati affollati: la gente corre a fare scorte, generando lunghe code e prime carenze nei prodotti più richiesti.

- **Comunicazioni interrotte**: telefoni e internet funzionano solo finché la batteria dei dispositivi regge. Dopo poche ore, il blackout informativo diventa totale.
- **Paura diffusa**: molti cittadini sottovalutano i rischi, altri reagiscono con panico immediato.

Dopo 48 ore – Inizia la crisi reale

- **Scaffali vuoti**: i rifornimenti non arrivano e i supermercati restano senza prodotti freschi e a lunga conservazione.
- **Banche e pagamenti bloccati**: senza energia, bancomat e POS smettono di funzionare del tutto. Solo chi ha contanti riesce a comprare qualcosa.
- **Prime tensioni sociali**: litigi nei negozi, micro-furti e conflitti tra cittadini. Le autorità faticano a mantenere l'ordine.
- **Disagi domestici**: frigoriferi spenti, cibo che va a male, difficoltà a cucinare senza elettricità.

72 ore e oltre – Collasso della normalità

- **Acqua e cibo in crisi**: senza pompe elettriche, la distribuzione idrica si blocca; le scorte alimentari si esauriscono.
- **Sanità compromessa**: ospedali senza elettricità o carburante per i generatori non riescono a gestire emergenze; farmaci refrigerati si deteriorano.
- **Caos urbano**: saccheggi, proteste e disordini diventano probabili, soprattutto nelle grandi città.
- **Isolamento delle famiglie**: chi non ha scorte o piani di emergenza si trova completamente dipendente dall'intervento delle autorità, che spesso non arriva in tempo.

Il significato del blackout

Un blackout prolungato non è solo la mancanza di luce: è la **rottura della catena invisibile** che sostiene la vita moderna.

Prepararsi significa imparare a **ridurre la dipendenza totale da energia e digitale**, costruendo una resilienza domestica basata su autonomia, scorte e strategie di adattamento.

CHECKLIST PRATICA – BLACKOUT ENERGETICI E DIGITALI

1. Preparazione domestica

- Tieni sempre in casa torce, batterie e candele.
- Procurati un **powerbank ad alta capacità** per cellulari.
- Valuta una piccola lampada solare o a dinamo.

2. Riserva di emergenza

- Scorta minima di acqua potabile per almeno 3 giorni (2 litri a persona al giorno).
- Cibo non deperibile che non richieda cottura (barrette, frutta secca, scatolame).

- Piccolo fornello a gas o camping stove.

3. Sicurezza finanziaria

- Mantieni sempre contanti in casa (almeno per 72 ore di spese).
- Suddividi i risparmi: banca, contanti, beni concreti.
- Non affidarti a un unico sistema digitale.

4. Comunicazioni alternative

- Una radio a batterie o a manovella per ricevere notizie.
- Punto di ritrovo familiare in caso di blackout digitale totale.

CAPITOLO 6
COLLASSO SANITARIO

Il sistema sanitario europeo è considerato uno dei più avanzati al mondo. Ma la realtà è che si regge su un equilibrio fragile: personale ridotto, ospedali saturi, forniture dipendenti da catene globali. Basta un aumento improvviso della domanda – come un'epidemia, un disastro naturale o un'ondata di emergenze – per mandare in crisi l'intero meccanismo.

Un **collasso sanitario** non significa necessariamente ospedali distrutti, ma strutture incapaci di rispondere ai bisogni reali dei cittadini. Le conseguenze sono immediate: ritardi nelle cure, carenza di farmaci, difficoltà ad assistere anche i pazienti non legati all'emergenza.

SATURAZIONE OSPEDALIERA E MANCANZA DI MEDICI

Un sistema già sotto pressione

Molti ospedali europei operano **costantemente al limite delle proprie capacità**, anche in tempi di relativa normalità.

I pronto soccorso sono sovraffollati, i letti di terapia intensiva spesso insufficienti, e il personale sanitario lavora con carichi insostenibili.

Questo significa che **basta un imprevisto di media entità** – come un'epidemia stagionale più aggressiva o un incidente con molti feriti – per far saltare l'equilibrio.

Fattori di saturazione

1 Epidemie stagionali

- L'influenza e altri virus respiratori, già oggi, mandano in tilt i pronto soccorso ogni inverno.
- Nei mesi più critici, i reparti non riescono a gestire i picchi di pazienti e devono rimandare cure non urgenti.

2 Eventi di massa

- Catastrofi naturali, attentati o incidenti di grande scala generano improvvisi afflussi di feriti.

◦ Gli ospedali non hanno letti, strumenti e personale a sufficienza per assorbire simili ondate di emergenze.

3 Pandemie o crisi globali

◦ Eventi come il COVID-19 hanno dimostrato cosa accade quando milioni di persone necessitano contemporaneamente di cure.

◦ La richiesta cresce in maniera esponenziale, mentre le risorse rimangono limitate.

Il problema del personale

La crisi non è fatta solo di infrastrutture insufficienti, ma anche di **carente disponibilità di medici e infermieri**.

• **Mancanza cronica di personale**: in molti paesi europei i sanitari sono troppo pochi rispetto alla popolazione da servire.

• **Turni massacranti**: chi resta in servizio è costretto a turni estenuanti che aumentano il rischio di errori clinici.

• **Età media alta**: gran parte del personale medico si avvicina alla pensione, e i nuovi ingressi non sono sufficienti a compensare le uscite.

• **Emigrazione professionale**: molti giovani medici e infermieri lasciano i paesi d'origine per stipendi migliori e condizioni di lavoro più sostenibili altrove.

La conseguenza più grave

In caso di crisi, un ospedale già saturo **non può più accogliere pazienti**.

Chi arriva dopo rimane escluso dalle cure: le ambulanze vengono deviate, i pronto soccorso chiudono l'accesso, e intere fasce della popolazione si ritrovano senza assistenza.

Il "collaterale" del collasso non sono numeri astratti, ma **persone comuni**: anziani che non ricevono ossigeno, bambini che non trovano un letto in pediatria, malati cronici che non hanno accesso ai farmaci.

CARENZA DI FARMACI E FORNITURE

Dipendenza dalle catene globali

L'Europa, nonostante i suoi sistemi sanitari avanzati, è **fortemente dipendente dalle catene globali di produzione e distribuzione farmaceutica**.

Gran parte dei principi attivi (API, *Active Pharmaceutical Ingredients*) viene prodotta in paesi extraeuropei come India e Cina, mentre molti dispositivi medici di base arrivano da mercati asiatici a basso costo.

Questo significa che:

• Un **blocco dei trasporti marittimi** può fermare intere forniture.

• Un **conflitto in un paese produttore** può interrompere la disponibilità di principi attivi.

• Una **crisi energetica o industriale** in Asia può tradursi, nel giro di settimane, in scaffali vuoti nelle farmacie europee.

Le forniture essenziali più a rischio

- **Antibiotici**: fondamentali per trattare infezioni batteriche comuni. Una loro carenza aumenta il rischio di complicanze gravi e mortalità evitabile.

- **Antipiretici e analgesici**: farmaci di uso quotidiano, come paracetamolo e ibuprofene, indispensabili per gestire febbre e dolore.

- **Farmaci per malattie croniche**: insulina per i diabetici, antipertensivi per i malati di cuore, anticoagulanti. Senza di essi, milioni di persone non potrebbero sopravvivere a lungo.

- **Dispositivi medici di base**: guanti, aghi, flebo, mascherine, disinfettanti. Elementi apparentemente "semplici" ma che, in caso di crisi, diventano introvabili e preziosi.

L'effetto domino

La carenza di farmaci non genera solo un problema clinico, ma un **effetto sociale immediato**.

- Appena circola la notizia di una scarsità, le **farmacie vengono prese d'assalto**.

- Le persone comprano più del necessario per paura di restare senza, svuotando rapidamente le scorte disponibili.

- Chi ha davvero bisogno del farmaco – ad esempio un diabetico per l'insulina – rischia di non trovarlo.

- Il mercato nero si attiva: farmaci venduti a prezzi esorbitanti, senza controlli di qualità.

- Il risultato è che **la crisi sanitaria si amplifica da sola**: la paura della mancanza genera comportamenti che peggiorano ulteriormente la scarsità.

Perché è cruciale prepararsi

Un sistema sanitario efficiente non basta se le forniture di base non arrivano.

Per questo motivo, **avere in casa una piccola scorta di farmaci essenziali** (quando possibile, secondo prescrizione medica) è una delle strategie più semplici e concrete per proteggere la propria famiglia.

COME GESTIRE LA SALUTE IN EMERGENZA

La **resilienza sanitaria** non si costruisce soltanto nelle istituzioni, ma anche nelle case, nelle famiglie e nelle comunità locali. In una crisi, quando ospedali e medici sono sovraccarichi o non raggiungibili, la preparazione individuale diventa una risorsa vitale.

Prevenzione personale

La prima difesa contro le emergenze è ridurre al minimo le probabilità di ammalarsi o subire complicazioni.

- **Stile di vita sano**: alimentazione equilibrata, attività fisica regolare e sonno sufficiente rafforzano il sistema immunitario.

- **Vaccini aggiornati**: seguire le indicazioni mediche per mantenere la protezione contro le malattie prevenibili.

- **Igiene domestica e personale**: lavaggio delle mani, pulizia regolare degli ambienti, uso corretto di disinfettanti riducono la trasmissione di infezioni in caso di epidemie.

☞ Prevenire è sempre meno costoso e più efficace che curare.

Scorta minima sanitaria

Ogni famiglia dovrebbe organizzare una **riserva sanitaria domestica**, pensata per coprire almeno alcune settimane di autonomia.

• **Kit di primo soccorso**: disinfettanti, garze sterili, cerotti, forbici, guanti monouso, termometro.

• **Farmaci essenziali**: antipiretici, antidolorifici da banco, soluzioni saline, insieme a tutte le terapie croniche già in uso (con scorte per 2-4 settimane).

• **Manuali o app offline**: guide cartacee o digitali (scaricate in anticipo) con tecniche di primo intervento, pronto soccorso e gestione di piccole emergenze.

☞ Una scorta sanitaria non è accumulo inutile, ma una **rete di sicurezza familiare**.

Autonomia e comunità

La salute in emergenza non si gestisce mai da soli: serve un equilibrio tra **autonomia individuale** e **collaborazione collettiva**.

• **Competenze salvavita**: imparare le manovre di base come la rianimazione cardiopolmonare (RCP), la disostruzione delle vie aeree nei bambini e il trattamento delle ferite.

• **Medici di fiducia**: stabilire contatti con medici, infermieri o volontari sanitari locali può garantire un punto di riferimento in caso di blocco delle strutture ospedaliere.

• **Reti di quartiere**: creare piccoli gruppi di mutuo soccorso per condividere farmaci, dispositivi medici o assistenza agli anziani.

Il messaggio chiave

☞ L'obiettivo non è **sostituire i medici**, ma **ridurre la pressione sugli ospedali** e **guadagnare tempo prezioso** nelle prime ore o giorni di crisi.

Una comunità che sa gestire in autonomia le emergenze minori permette al sistema sanitario di concentrarsi sui casi più gravi, aumentando così le possibilità di sopravvivenza collettiva.

CHECKLIST PRATICA – COLLASSO SANITARIO

1. In casa

• Kit di pronto soccorso completo.

• Farmaci essenziali di uso quotidiano (per almeno 1 mese).

• Mascherine, guanti e soluzioni disinfettanti.

2. A livello familiare

• Conoscere procedure base di primo soccorso.

• Stabilire chi si occupa di chi in caso di malattia (bambini, anziani, persone fragili).

- Isolare una stanza da usare come "area malati" in caso di contagio.

3. Nella comunità

- Reti di mutuo aiuto per farmaci e assistenza.
- Associazioni di volontariato con medici e infermieri reperibili.
- Gruppi di supporto per persone fragili o sole.

CAPITOLO 7
SICUREZZA SOCIALE E URBANA

Quando una crisi si prolunga – che sia economica, sanitaria o energetica – le persone non temono solo il virus o la mancanza di cibo: temono anche **gli altri cittadini**.

La storia dimostra che ogni volta che una società entra in stress prolungato, le tensioni esplodono sotto forma di **proteste, rivolte, saccheggi**. Non serve una guerra totale: basta una combinazione di scarsità e sfiducia nelle istituzioni.

In Europa, dove milioni di persone vivono in grandi città densamente popolate, il rischio di tensioni sociali non è teorico: è un'eventualità concreta. Prepararsi non significa chiudersi in un bunker, ma conoscere i rischi e avere piani chiari per proteggere sé stessi e la propria famiglia.

PROTESTE, RIVOLTE E SACCHEGGI COME EFFETTO COLLATERALE DELLE CRISI

Perché esplode il caos

Le rivolte urbane raramente nascono da un solo episodio isolato. Di solito rappresentano la **somma di tensioni accumulate nel tempo**, che trovano sfogo quando un evento scatenante rompe l'equilibrio.

• **Inflazione e aumento dei prezzi**: quando le famiglie non riescono più a permettersi beni di base, la rabbia cresce rapidamente.

• **Disoccupazione e mancanza di prospettive**: i giovani, privi di opportunità lavorative, diventano più vulnerabili alla frustrazione sociale.

• **Perdita di fiducia verso i governi**: scandali, lentezze burocratiche e promesse mancate alimentano la convinzione che le istituzioni siano impotenti o corrotte.

• **Scarsità di beni primari**: scaffali vuoti, mancanza di carburante o farmaci possono trasformare il malcontento in azioni disperate.

Quando queste condizioni si sovrappongono, basta una scintilla – un blackout, un aumento improvviso del carburante, una decisione politica impopolare – perché la frustrazione si riversi nelle strade.

. . .

Il volto del caos urbano

Le crisi sociali seguono spesso uno **schema prevedibile di escalation**:

• **Proteste pacifiche**: inizialmente organizzate per chiedere soluzioni, possono degenerare quando la risposta istituzionale appare inadeguata.

• **Scontri con la polizia**: la tensione aumenta e la folla si radicalizza. Le forze dell'ordine, sotto pressione, reagiscono con misure di contenimento che alimentano ulteriore conflitto.

• **Saccheggi mirati**: supermercati, farmacie e negozi di elettronica diventano bersagli prioritari. All'inizio per necessità (cibo, acqua, medicine), poi per opportunismo.

• **Blocchi stradali e barricate**: ostacoli piazzati nelle vie principali paralizzano il traffico urbano e rendono difficile l'arrivo dei soccorsi.

• **Atti vandalici**: banche, sedi istituzionali, uffici governativi o simboli del potere economico diventano obiettivi simbolici della rabbia collettiva.

Pericoli per i cittadini comuni

Non serve partecipare a una protesta per esserne coinvolti.

Basta trovarsi **nel posto sbagliato al momento sbagliato**:

• Un pendolare che attraversa una zona di disordini può trovarsi intrappolato in scontri improvvisi.

• Un genitore che accompagna i figli a scuola può trovarsi bloccato da barricate o saccheggi.

• Un automobilista può vedere la propria auto danneggiata solo perché parcheggiata accanto a un edificio preso di mira.

Il messaggio chiave

Le rivolte urbane sono l'effetto visibile di crisi profonde. Non nascono dal nulla, ma da **sistemi sociali ed economici sotto pressione**.

Comprendere i segnali premonitori e prepararsi a evitare le zone a rischio diventa un atto fondamentale di **autodifesa civile**.

PERICOLI NELLE GRANDI CITTÀ

Le metropoli come polveriere

Le grandi città europee rappresentano il cuore economico, culturale e politico del continente. Ma sono anche **zone di vulnerabilità estrema**, per due motivi principali:

1 Alta densità di popolazione

◦ Quando milioni di persone vivono concentrate in spazi ristretti, il rischio di disordini cresce in maniera esponenziale.

◦ Se anche solo una piccola percentuale scende in strada, la gestione dell'ordine pubblico diventa quasi impossibile.

. . .

2 Dipendenza dalle forniture esterne

◦ Le metropoli consumano più di quanto producano: dipendono totalmente da trasporti costanti di cibo, acqua e carburante.

◦ Se queste forniture vengono interrotte, i supermercati si svuotano in poche ore e la tensione sociale può esplodere rapidamente.

☞ In altre parole, le grandi città sono **giganti fragili**: motori di progresso, ma anche fragili centri di instabilità.

Rischi concreti per i cittadini

I pericoli di vivere in una metropoli durante una crisi non sono teorici: sono scenari realistici e già osservati in passato in diverse parti del mondo.

- **Quartieri bloccati**: proteste, barricate o scontri possono isolare intere zone, impedendo ai residenti di spostarsi o ricevere rifornimenti.

- **Aggressioni durante saccheggi**: anche chi non partecipa ai disordini rischia di trovarsi coinvolto, ad esempio entrando in un supermercato preso di mira.

- **Trasporti sospesi**: metro, autobus e treni urbani vengono spesso interrotti per motivi di sicurezza, lasciando migliaia di persone bloccate.

- **Forze dell'ordine sovraccariche**: la polizia, concentrata nel contenere proteste e rivolte, riduce la capacità di proteggere i cittadini da furti, aggressioni e crimini diffusi.

Zone a rischio

Non tutte le aree urbane hanno lo stesso livello di esposizione. Alcune diventano veri e propri **focolai di tensione** durante le crisi.

- **Supermercati e negozi di elettronica**: obiettivi tipici dei saccheggi, sia per necessità (cibo, acqua) che per opportunismo.

- **Stazioni ferroviarie e fermate centrali**: nodi nevralgici che si trasformano in punti di caos, soprattutto quando i trasporti vengono sospesi.

- **Quartieri socialmente fragili**: zone con disoccupazione elevata, tensioni etniche o mancanza di servizi pubblici. In questi contesti, la crisi diventa la miccia che accende conflitti latenti.

Il messaggio chiave

☞ Le metropoli, nei momenti di stabilità, offrono opportunità e comfort.

Ma in tempi di crisi si trasformano in **luoghi ad alto rischio**, dove la densità umana, la dipendenza dalle forniture e la fragilità sociale possono convergere in un'esplosione di caos.

Per il cittadino comune, il segreto non è farsi prendere dal panico, ma **riconoscere in anticipo le zone più pericolose** e pianificare strategie di movimento e protezione.

STRATEGIE DI PROTEZIONE DOMESTICA

In un contesto di crisi urbana, **non puoi controllare ciò che accade per strada**, ma puoi rafforzare la tua sicurezza dentro casa e adottare comportamenti che riducono i rischi quando devi muoverti. L'obiettivo è **proteggere la tua famiglia, minimizzare le esposizioni e guadagnare tempo prezioso** fino al ritorno della normalità.

A livello domestico

La casa diventa la tua **prima linea di difesa**. Rendila sicura e meno esposta possibile:

• **Porte e finestre sicure**: rinforza serrature, installa barre di sicurezza o vetri anti-intrusione. La maggior parte dei furti avviene per accessi facili.

• **Illuminazione esterna**: sensori di movimento e luci esterne riducono la probabilità che malintenzionati prendano di mira la tua abitazione.

• **Scorte essenziali**: avere cibo, acqua e medicinali sufficienti riduce la necessità di uscire nei momenti più pericolosi.

• **Non attirare attenzioni**: evita di mostrare ai vicini o sui social eventuali scorte abbondanti, generatori o beni preziosi: diventerebbero un bersaglio.

In emergenza, la discrezione è una forma di sicurezza.

A livello personale

Quando sei costretto a muoverti in contesti instabili, l'obiettivo è **passare inosservato e restare al sicuro**.

• **Evita spostamenti non necessari**: riduci al minimo le uscite nei giorni di disordini o rivolte.

• **Percorsi alternativi**: prediligi strade meno frequentate e meno esposte a proteste o blocchi.

• **Mantieni un profilo basso**: niente gioielli, contanti in vista, abbigliamento vistoso o tecnologia costosa che possa attirare attenzioni.

• **Preparazione psicologica**: se vieni fermato o minacciato, mantenere calma e collaborazione riduce il rischio di escalation.

A livello comunitario

La sicurezza urbana non è solo individuale: una **rete di quartiere organizzata** è molto più resiliente di famiglie isolate.

• **Reti di vicinato**: accordati con i vicini per sorvegliare insieme gli accessi e segnalare movimenti sospetti.

• **Gruppi di comunicazione locale**: chat di quartiere, radio a batterie o sistemi offline per aggiornarsi in caso di blackout digitale.

• **Supporto reciproco**: condividere risorse (cibo, acqua, informazioni affidabili) riduce il panico e rafforza la coesione.

La resilienza urbana nasce quando le comunità **scelgono di proteggersi a vicenda**, trasformando la vulnerabilità individuale in forza collettiva.

☐ Checklist pratica – Sicurezza sociale e urbana

In casa

- Rinforza porte e finestre.
- Mantieni una scorta minima di cibo, acqua e farmaci.
- Tieni una torcia e una radio a portata di mano.

In città

- Evita zone a rischio durante proteste e disordini.
- Porta con te solo lo stretto necessario.
- Identifica vie di fuga sicure e punti di ritrovo familiari.

Con i vicini

- Stabilisci un sistema di comunicazione di emergenza.
- Crea piccoli gruppi di sorveglianza passiva.
- Collabora per condividere risorse essenziali.

CAPITOLO 8
GUERRA PSICOLOGICA E DISINFORMAZIONE

Le guerre moderne non si combattono solo con armi e droni, ma anche con le parole, le immagini e i dati. La cosiddetta **"guerra psicologica"** mira a piegare le persone non distruggendo infrastrutture, ma minando la fiducia e alimentando il caos informativo.

Viviamo in un'epoca in cui le notizie circolano in tempo reale. Questo è un vantaggio, ma anche una vulnerabilità. Basta un flusso costante di informazioni manipolate per creare panico, divisione sociale, odio reciproco. Non servono bombe: basta diffondere la paura.

FAKE NEWS E MANIPOLAZIONI

Armi della propaganda digitale

La guerra del XXI secolo non si combatte solo con armi convenzionali: una delle più potenti è la **propaganda digitale**. Le fake news, i contenuti manipolati e le narrative polarizzanti possono destabilizzare una società più di un bombardamento.

- **Notizie false create ad arte**
  - Titoli sensazionalistici che annunciano carenze inesistenti di cibo, carburante o farmaci.
  - Falsi allarmi su catastrofi imminenti, pensati per spingere le persone al panico.

- **Foto e video manipolati**
  - Immagini modificate o decontestualizzate che mostrano eventi mai accaduti.
  - Tecnologie come i *deepfake*, capaci di creare video realistici di leader o esperti che pronunciano frasi mai dette.

- **Narrative polarizzanti**
  - Messaggi che spingono gruppi di cittadini contro altri, alimentando divisioni sociali ed etniche.
  - Campagne che mirano a far perdere fiducia nelle istituzioni, presentandole come inefficaci o corrotte.

☞ La disinformazione è una **arma a basso costo ma dal potere enorme**: può destabilizzare intere nazioni senza sparare un colpo.

Effetti sulla popolazione

Gli effetti della disinformazione non sono teorici: si manifestano **rapidamente e in modo tangibile**.

- **Panico immediato**
  - Una falsa notizia su carenze alimentari può generare corse ai supermercati.
  - Un presunto attacco imminente può spingere migliaia di persone a ritirare contanti dai bancomat, creando reali disservizi.
- **Perdita di fiducia nelle istituzioni**
  - Se i cittadini percepiscono le autorità come inaffidabili, smettono di seguirne le indicazioni.
  - Questo porta a un **collasso del rispetto delle regole**, con conseguenze dirette sulla sicurezza collettiva.
- **Divisione interna**
  - I cittadini, invece di unirsi contro una minaccia esterna, si scontrano tra loro.
  - Le fratture sociali, politiche o culturali diventano strumenti di manipolazione per potenze straniere o gruppi interessati al caos.

Il messaggio chiave

In un'epoca dominata dal digitale, **la guerra dell'informazione è tanto pericolosa quanto quella militare**.

La capacità di un cittadino di riconoscere e filtrare notizie attendibili non è più solo un atto di buon senso: è una **strategia di sopravvivenza civile**.

COME RICONOSCERE FONTI AFFIDABILI

In un mondo in cui le informazioni viaggiano alla velocità di un clic, la capacità di distinguere tra notizie reali e manipolazioni digitali è diventata una **competenza di sopravvivenza**. Non si tratta solo di buon senso, ma di un vero e proprio strumento per proteggere la propria famiglia dal panico e dalle decisioni sbagliate.

Tre domande chiave

1 Chi lo dice?
- Verifica sempre la fonte.
- Una notizia proveniente da istituzioni ufficiali, giornalisti riconosciuti o media di lunga tradizione ha più credibilità rispetto a un post anonimo o a un canale social improvvisato.
- Attenzione: anche fonti affidabili possono sbagliare, ma hanno procedure di correzione e responsabilità pubblica.

2 Chi ci guadagna?
- Chiediti sempre: *perché questa notizia è stata diffusa?*
- È creata per informare, o per spaventare, vendere un prodotto, raccogliere clic o ottenere consenso politico?

◦ La manipolazione spesso si nasconde dietro un'apparente "denuncia", che in realtà ha uno scopo secondario.

3 È verificabile altrove?

◦ Una notizia reale viene confermata da più fonti indipendenti.

◦ Se la trovi solo in un unico sito o profilo social, è un segnale di allarme.

◦ Utilizza motori di ricerca, fact-checker o testate internazionali per un riscontro incrociato.

Segnali di allarme

Le fake news hanno spesso tratti riconoscibili:

- **Titoli sensazionalistici**: "Shock!", "Incredibile!", "Apocalisse imminente!".
- **Frasi manipolative**: "Nessuno ve lo dice", "La verità che ti nascondono", "Solo noi abbiamo il coraggio di parlare".
- **Immagini sospette**: fotografie fuori contesto, montaggi o illustrazioni spacciate per realtà.
- **Assenza di dati concreti**: niente date, luoghi vaghi, fonti non citate o "esperti anonimi".

Questi sono i "campanelli d'allarme" che devono spingerti a fermarti e verificare prima di condividere.

Il messaggio chiave

Essere critici non significa **dubitarne di tutto**, ma saper distinguere tra ciò che è reale e ciò che è costruito per manipolare.

Un cittadino informato è molto più difficile da destabilizzare, e questo rende l'intera comunità più resiliente contro la guerra psicologica.

DIFENDERSI DALL'INFODEMIA

Un'infodemia è una vera e propria **pandemia di notizie false e distorte**, capace di diffondersi più rapidamente di un virus biologico. Durante una crisi sanitaria, politica o militare, l'overload di informazioni confuse, manipolate o contraddittorie può paralizzare la capacità di giudizio delle persone, generando **panico collettivo e decisioni sbagliate**.

In uno scenario di emergenza, **la gestione dell'informazione è tanto vitale quanto quella delle risorse materiali**: un cittadino che si lascia ingannare da fake news può comportarsi in modo pericoloso per sé e per gli altri.

Strategie di difesa individuale

- **Riduci l'esposizione**

Non restare incollato ai social network o ai canali di notizie 24 ore su 24. Il flusso continuo di aggiornamenti aumenta ansia e confusione. Meglio scegliere **momenti precisi della giornata** per informarsi.

- **Consulta fonti ufficiali**

Prediligi siti istituzionali (ministeri, protezione civile, enti sanitari), organizzazioni internazionali (OMS, UE,

Croce Rossa) e media riconosciuti. Le informazioni potrebbero non essere sempre immediate, ma tendono a essere verificate e affidabili.

• **Condividi solo dopo verifica**

Non diventare **parte della catena di fake news**. Prima di inoltrare un messaggio o pubblicare un post, chiediti: è confermato da più fonti? Da dove arriva? Ha dati concreti?

Strategie familiari e comunitarie

• **Fonti di riferimento comuni**

Stabilisci insieme alla tua famiglia un elenco di canali ufficiali da seguire. Questo evita confusione e riduce il rischio di discussioni interne basate su notizie non verificate.

• **Condivisione responsabile**

Condividi con i vicini, amici e colleghi **solo informazioni confermate**. Un passaparola corretto può diventare un'arma potente contro la disinformazione.

• **Gruppi locali affidabili**

Crea o partecipa a piccoli gruppi di comunicazione nel tuo quartiere (chat di condominio, radio di emergenza, reti civiche). L'importante è che siano composti da **persone di fiducia** e che si basino su verifiche incrociate.

Il messaggio chiave

Difendersi dall'infodemia significa **preservare la lucidità mentale**, mantenere coesione familiare e comunitaria, ed evitare che il panico diventi la vera arma del nemico.

La chiarezza dell'informazione, in tempi di crisi, è tanto vitale quanto l'accesso al cibo, all'acqua e all'energia.

CHECKLIST PRATICA – GUERRA PSICOLOGICA E DISINFORMAZIONE

1. Per uso personale

• Segui massimo 2-3 fonti ufficiali di informazione.

• Installa un'app di fact-checking o verifica notizie su siti dedicati.

• Mantieni un "diario delle fonti" con link verificati.

2. Per la famiglia

• Condividi solo informazioni verificate nel gruppo familiare.

• Prepara in anticipo una lista di numeri utili (protezione civile, pronto soccorso, polizia).

• Educa i figli a riconoscere notizie false online.

3. Per la comunità

• Diffondi calma, non panico.

• Collabora con gruppi di quartiere per scambiare informazioni verificate.

• Usa comunicazioni offline (radio, volantini) in caso di blackout digitale.

PARTE III - PREPARARSI AL PEGGIO

Capire i rischi non basta. Dopo aver analizzato le vulnerabilità dell'Europa e gli scenari di crisi più probabili, è il momento di passare all'azione. La resilienza non si costruisce con la paura, ma con la **preparazione consapevole**.

Questa parte del libro fornisce strumenti pratici per trasformare ogni famiglia europea in una piccola unità autonoma, capace di resistere anche nei momenti più critici. Non servono bunker o investimenti impossibili: bastano organizzazione, metodo e la volontà di non dipendere totalmente da sistemi fragili.

Ogni capitolo di questa sezione offrirà:

• **Checklist operative** da seguire passo dopo passo.

• **Strategie familiari** per reagire con calma a emergenze improvvise.

• **Soluzioni concrete** per gestire cibo, acqua, energia, comunicazioni e sicurezza domestica.

Prepararsi al peggio non significa vivere nel timore costante, ma assicurarsi che un blackout, una crisi sanitaria o un collasso economico non trasformino la tua vita in un incubo.

È il passaggio dalla consapevolezza alla pratica: dal sapere cosa può accadere al **sapere come reagire**.

CAPITOLO 9
PREPARAZIONE DOMESTICA DI BASE

Ogni emergenza, piccola o grande, ha una costante: chi è preparato resiste meglio.

Un'interruzione elettrica, una crisi sanitaria o una carenza di beni possono sembrare eventi temporanei, ma nei primi giorni l'impatto può essere devastante. La differenza tra il panico e la calma la fa ciò che hai **già pronto in casa**.

La preparazione domestica non richiede bunker sotterranei o spese eccessive. Si tratta di mettere da parte ciò che serve per garantire alla tua famiglia almeno **due settimane di autonomia**, senza dover dipendere interamente da supermercati, farmacie o servizi che potrebbero non funzionare.

SCORTE MINIME DI ACQUA, CIBO, MEDICINALI, ENERGIA

La preparazione domestica inizia dalle **scorte essenziali**. Non servono bunker o magazzini sovradimensionati: basta un approccio ragionato, che tenga conto delle reali necessità familiari e della durata minima di un'emergenza urbana.

Acqua: il bene più fragile

L'acqua è l'elemento vitale per eccellenza: il corpo umano può sopravvivere settimane senza cibo, ma non oltre 72 ore senza liquidi.

• **Quantità minima**: pianifica almeno **2 litri al giorno per persona** per un minimo di **7 giorni**. Per una famiglia di 4 persone significa circa 60 litri.

• **Conservazione**: utilizza contenitori chiusi ermeticamente, preferibilmente in plastica alimentare, e riponili al buio, lontano da fonti di calore.

• **Sistemi di purificazione**: tieni a disposizione **filtri portatili**, pastiglie potabilizzanti o semplici bollitori da campeggio per rendere potabile l'acqua in caso di contaminazioni.

• **Fonti alternative**: impara a identificare fonti locali (fontane, pozzi, acqua piovana) che potrebbero diventare indispensabili.

☞ **Regola pratica**: senza acqua non c'è sopravvivenza. Questo è il primo punto da mettere in sicurezza.

Cibo: energia per resistere

Il cibo non è solo nutrimento: in tempi di crisi è anche **energia mentale e psicologica**, capace di mantenere alto il morale familiare.

• **Alimenti a lunga conservazione**: pasta, riso, legumi secchi, scatolame, frutta secca, cereali.

• **Cibi pronti al consumo**: barrette energetiche, tonno, biscotti, crackers: utili quando cucinare non è possibile.

• **Durata minima**: pianifica **almeno 2 settimane di scorte** proporzionate al numero di componenti della famiglia.

• **Diete speciali**: non dimenticare alimenti per neonati, anziani o persone con esigenze mediche particolari.

• **Rotazione scorte**: consuma periodicamente gli alimenti immagazzinati e sostituiscili con nuovi, evitando sprechi e scadenze.

☞ **Regola pratica**: pensa in termini di "cibo che nutre e dura", non solo di quantità.

Medicinali: la prima linea di difesa

Una crisi non elimina i problemi di salute quotidiani: anzi, li amplifica. Prepararsi con un piccolo arsenale medico domestico può fare la differenza.

• **Farmaci cronici**: mantieni sempre una scorta minima di medicinali prescritti per almeno 2-4 settimane.

• **Farmaci generici**: analgesici, antipiretici, antidiarroici, soluzioni saline, disinfettanti cutanei.

• **Dispositivi di protezione**: guanti monouso, mascherine, termometro digitale, garze sterili, cerotti, forbici.

• **Controllo scadenze**: verifica ogni 6 mesi lo stato del kit e sostituisci i prodotti scaduti.

• **Conoscenze pratiche**: abbina al kit almeno un manuale base di primo soccorso o un'app scaricata offline.

☞ **Regola pratica**: un kit medico ben fornito è una forma di assicurazione personale.

Energia: luce e calore di emergenza

L'energia è il pilastro della vita moderna: senza di essa, il buio e il freddo diventano minacce concrete.

• **Illuminazione**: torce elettriche con batterie di ricambio, lampade solari o a dinamo.

• **Batterie e powerbank**: tieni più di un **powerbank ad alta capacità**, sempre carico. In emergenza può mantenere in vita un cellulare per giorni.

• **Fonti alternative di calore**: piccole stufe a gas portatili o coperte termiche d'emergenza.

• **Cucina d'emergenza**: un fornello a gas da campeggio con cartucce dedicate consente di scaldare acqua e cucinare cibi basici.

• **Candele di emergenza**: utili, ma da usare sempre con estrema attenzione per evitare incendi.

☞ **Regola pratica**: luce, calore e comunicazione sono i tre pilastri della resilienza energetica domestica.

· · ·

Il messaggio chiave

Prepararsi con scorte minime **non significa vivere nella paura**, ma dotarsi di un margine di sicurezza per affrontare le prime ore o i primi giorni di emergenza senza dipendere totalmente da strutture esterne.

Ogni litro d'acqua, ogni pacco di riso, ogni batteria carica è un pezzo di **autonomia familiare**.

KIT D'EMERGENZA FAMILIARE

Ogni famiglia dovrebbe predisporre almeno **uno zaino o borsa d'emergenza**, sempre accessibile e pronto all'uso. In caso di evacuazione improvvisa, terremoto, incendio, blackout o ordine di lasciare la propria abitazione, questo kit rappresenta la differenza tra affrontare le prime ore in sicurezza o trovarsi impreparati.

Si chiama anche **"go-bag"**: un kit portatile che assicura sopravvivenza e autonomia per almeno **72 ore**.

Cosa includere nel kit

1 Documenti essenziali

- Carte d'identità, passaporti, tessere sanitarie.
- Copie cartacee dei documenti principali (in caso gli originali vengano smarriti).
- Una chiavetta USB crittografata con scansioni digitali di documenti importanti (contratti, certificati, assicurazioni).

2 Denaro contante

- Una piccola somma in banconote di piccolo taglio.
- Utile anche per piccoli acquisti quando i sistemi digitali non funzionano.

3 Kit medico di pronto soccorso

- Garze, disinfettanti, cerotti, guanti, forbici.
- Farmaci personali e prescritti (almeno per 1-2 settimane).
- Mascherine e soluzioni saline.

4 Illuminazione ed energia

- Torcia a LED con batterie di ricambio.
- Powerbank ad alta capacità, sempre carico.
- Radio a batterie o a manovella, per ricevere informazioni anche senza rete.

5 Idratazione e alimentazione

- Bottiglie d'acqua sigillate (almeno 1,5 litri a persona).
- Snack ad alta energia: barrette, frutta secca, biscotti, cioccolato.
- Alimenti pronti al consumo, che non necessitano di cottura.

6 Abbigliamento e protezione

- Vestiti leggeri, traspiranti e facilmente lavabili.
- Uno strato caldo (felpa, giacca antivento).

◦ Coperta termica di emergenza: leggera, compatta e resistente.

◦ Poncho impermeabile pieghevole.

7 Segnalazione e comunicazione

◦ Fischietto per attirare l'attenzione in caso di pericolo.

◦ Quaderno impermeabile con numeri di emergenza scritti a mano.

◦ Una matita (più affidabile della penna in condizioni difficili).

Consigli pratici per il kit

• **Accessibilità**: tienilo sempre in un punto noto a tutti i membri della famiglia (es. vicino alla porta di ingresso).

• **Modularità**: ogni componente familiare può avere un piccolo kit personale con acqua, snack, documenti e torcia.

• **Aggiornamento periodico**: rivedi il contenuto ogni 6 mesi per sostituire acqua, cibo o farmaci scaduti.

• **Personalizzazione**: aggiungi oggetti in base alle esigenze della famiglia (giochi per bambini, alimenti speciali, dispositivi per animali domestici).

Il messaggio chiave

Il kit d'emergenza non deve essere perfetto o costoso: deve essere **funzionale, leggero e immediato**.

La sua forza sta nel permettere alla famiglia di sopravvivere nelle **prime 72 ore di crisi**, quando i soccorsi non sono ancora arrivati e le risorse esterne non sono disponibili.

CHECKLIST PRATICA – PREPARAZIONE DOMESTICA

Acqua

- 2 litri per persona al giorno, minimo 7 giorni.
- Filtri o pastiglie potabilizzanti.

Cibo

- Alimenti a lunga conservazione per 2 settimane.
- Prodotti pronti al consumo.
- Cibi specifici per bambini/anziani.

Farmaci

- Scorte personali per malattie croniche.
- Analgesici e antipiretici.
- Disinfettanti e guanti.

Energia

- Torce e batterie.
- Powerbank carichi.
- Lampada solare o a dinamo.
- Fornello a gas da campeggio.

Kit d'emergenza

- Documenti e contanti.
- Kit di pronto soccorso.
- Radio a batterie.
- Vestiti e coperta termica.
- Numeri utili scritti a mano.

CAPITOLO 10
SOPRAVVIVERE A BLACKOUT PROLUNGATI

Un blackout di poche ore è un disagio. Un blackout che dura giorni o settimane può trasformarsi in un incubo.

La società moderna è interamente dipendente dall'elettricità: illuminazione, riscaldamento, frigoriferi, cucine, pompe idriche, internet, bancomat. Quando la rete si spegne, la vita urbana cambia radicalmente.

Non si tratta di chiedersi *se* accadrà, ma *quando*. Che sia per un sabotaggio, un attacco informatico, un guasto tecnico o eventi climatici estremi, l'Europa ha già sperimentato interruzioni estese della rete. Prepararsi significa imparare a vivere **anche senza corrente**, almeno temporaneamente.

GESTIONE DELLA CASA SENZA ELETTRICITÀ

Un blackout prolungato non è solo un problema di luce spenta. Significa riorganizzare la vita domestica senza frigorifero, riscaldamento, internet, pompe dell'acqua o fornelli elettrici. Saper affrontare questa condizione riduce il rischio di panico e aumenta la resilienza familiare.

Illuminazione

- **Torce a LED**: fondamentali perché consumano poca energia e forniscono luce intensa. Assicurati di avere batterie di ricambio o modelli ricaricabili.

- **Lampade solari o a dinamo**: ottime per ridurre la dipendenza dalle pile, possono garantire luce continua a costo zero.

- **Candele**: utili, ma da usare solo con estrema cautela: posizionale su superfici stabili, lontane da tende e materiali infiammabili. Considera l'uso di **candele a lunga durata** specifiche per emergenze.

- **Distribuzione della luce**: organizza un sistema per illuminare i punti strategici della casa (ingresso, cucina, bagno), in modo da ridurre gli spostamenti al buio.

Riscaldamento e freddo

- **In inverno**

- Raduna la famiglia in una sola stanza, preferibilmente quella più piccola e meglio isolata.
- Sigilla porte e finestre con coperte, asciugamani o nastro adesivo per ridurre la dispersione di calore.
- Vesti a strati e utilizza **coperte termiche** (salvavita, leggere e compatte).
- Se possibile, utilizza **stufe a gas portatili** con cartucce di sicurezza certificate.

• **In estate**

- Mantieni le stanze più fresche chiudendo persiane e tende nelle ore di sole.
- Arieggia durante la notte, sfruttando le correnti d'aria naturali.
- Usa asciugamani bagnati appesi davanti alle finestre per abbassare leggermente la temperatura interna.

La gestione termica non riguarda solo il comfort: in condizioni estreme può fare la differenza tra sicurezza e rischio sanitario, soprattutto per anziani e bambini.

Acqua

• **Rischio interruzioni**: senza elettricità, anche l'acqua può mancare, poiché le pompe che alimentano la rete smettono di funzionare.

• **Scorta minima**: mantieni sempre **almeno 2 litri di acqua potabile al giorno per persona**, per 7 giorni.

• **Fonti alternative**: se hai serbatoi o cisterne, assicurati di avere filtri o sistemi manuali di pompaggio.

• **Purificazione**: tieni a disposizione pastiglie potabilizzanti o bollitori da campeggio.

• **Uso razionato**: in emergenza, usa l'acqua solo per bere e cucinare, riducendo al minimo gli sprechi (lavaggi, pulizie).

Messaggio chiave

Gestire una casa senza elettricità significa **anticipare le vulnerabilità** e trasformare uno scenario critico in una condizione temporaneamente sostenibile.

La preparazione non si improvvisa: ogni torcia, coperta o bottiglia d'acqua pianificata oggi può essere la tua ancora di sicurezza domani.

TECNICHE PER CUCINARE E CONSERVARE ALIMENTI

Cucinare senza elettricità

• **Fornello a gas da campeggio**

- È la soluzione più pratica e accessibile. Le cartucce sono leggere e facili da immagazzinare.
- Ricorda di cucinare **solo in ambienti ben ventilati o all'aperto**, per evitare rischi di intossicazione da monossido.

• **Barbecue o griglie esterne**

- Utili non solo per carne e verdure, ma anche per scaldare acqua o preparare zuppe rapide.
- Devono sempre essere usati **all'aperto**, mai in spazi chiusi.

- **Stufe da esterno e forni solari**

    ◦ Le stufe portatili da esterno sono utili in campeggio e in emergenza.

    ◦ I forni solari (autocostruiti o acquistati) permettono di cuocere lentamente senza combustibile, sfruttando la luce del sole.

- **Alimenti che richiedono poca o nessuna cottura**

    ◦ Barrette, biscotti secchi, frutta secca, tonno in scatola, zuppe pronte liofilizzate.

    ◦ Riduci al minimo l'uso di risorse preziose come gas e legna.

    Regola pratica: riserva la cottura a ciò che davvero la richiede (pasta, legumi, riso) e integra con alimenti pronti.

Conservare alimenti senza frigo

- **Consumare per primi i cibi freschi**

    ◦ Latte, formaggi freschi, carne e verdura deperiscono rapidamente. Vanno consumati subito, entro le prime 24-48 ore.

- **Recipienti termici e borse frigo**

    ◦ Utili per allungare la durata di alimenti freschi se mantenuti chiusi e con ghiaccio sintetico o bottiglie d'acqua congelata (se disponibili prima del blackout).

- **Alimenti a lunga conservazione**

    ◦ Scorte di legumi secchi, pasta, riso, cereali, farine, scatolame: non necessitano di refrigerazione e durano mesi o anni.

    ◦ Barattoli sottovuoto e alimenti disidratati garantiscono varietà anche a lungo termine.

- **Tecniche tradizionali di conservazione**

    ◦ **Sale**: usato per carne e pesce.

    ◦ **Aceto o olio**: ideale per verdure sott'aceto o sott'olio.

    ◦ **Essiccazione**: frutta e carne essiccate durano settimane.

    ◦ **Fermentazione**: cavoli, verdure o yogurt autoprodotti possono resistere senza frigorifero.

- **Cibi liofilizzati o disidratati**

    ◦ Compatti, leggeri e di lunga durata. Basta acqua calda per renderli pronti al consumo. Sono perfetti come riserva d'emergenza.

    Regola pratica: pensa come i nostri nonni prima dell'arrivo del frigorifero. Ogni metodo tradizionale può diventare una risorsa moderna in tempi di crisi.

Messaggio chiave

Un blackout lungo non è solo scomodità, è un test di resilienza alimentare.

Chi sa cucinare con pochi mezzi e conservare il cibo senza frigorifero non solo sopravvive, ma mantiene la calma in un contesto dove l'improvvisazione può trasformarsi in spreco o rischio sanitario.

COMUNICAZIONI ALTERNATIVE

Il problema

In una società iperconnessa, la comunicazione è il nostro ossigeno invisibile. Un blackout prolungato non significa solo luci spente, ma anche:

- **Reti telefoniche sovraccariche** → i cellulari smettono di ricevere o chiamare.
- **Internet fuori uso** → niente email, social, messaggistica istantanea.
- **Informazioni frammentarie** → senza canali ufficiali, il rischio di cadere nella disinformazione aumenta.

Restare informati e in contatto con i propri cari diventa quindi una priorità tanto importante quanto acqua e cibo.

Soluzioni pratiche

- **Radio a batterie o a manovella**
  - Le radio AM/FM sono ancora il mezzo più affidabile per ricevere aggiornamenti ufficiali durante emergenze.
  - Quelle a manovella o solari garantiscono autonomia totale, senza bisogno di pile.
- **Powerbank ad alta capacità**
  - Mantieni sempre almeno un paio di powerbank carichi in casa.
  - Usali solo per messaggi brevi e fondamentali (es. "sto bene", "ci vediamo al punto X").
  - Evita lunghe chiamate per risparmiare energia.
- **Punti di ritrovo familiari**
  - Prima che la crisi arrivi, stabilisci **due luoghi sicuri**: uno vicino a casa e uno più distante.
  - In caso di impossibilità di comunicare, ogni membro della famiglia saprà dove recarsi.
- **Gruppi di quartiere**
  - Creare piccole reti di comunicazione locale può fare la differenza.
  - Radio amatoriali (walkie-talkie o CB) permettono di mantenere i contatti senza internet.
  - Gruppi di mutuo soccorso possono diffondere informazioni verificate in modo rapido e sicuro.

Esempi di strumenti utili

- **Walkie-talkie**: portata di qualche chilometro, utili per famiglie in città o piccoli quartieri.
- **Radio CB**: più diffuse in aree rurali, con copertura maggiore.
- **App offline**: alcune applicazioni permettono la messaggistica via Bluetooth o Wi-Fi Direct, senza rete cellulare.

Messaggio chiave

Senza comunicazioni affidabili, la società scivola rapidamente nel caos. Prepararsi con strumenti alternativi e accordi familiari riduce il rischio di isolamento e panico.

Una famiglia che sa come comunicare anche senza tecnologia è una famiglia resiliente.

CHECKLIST PRATICA – SOPRAVVIVERE A BLACKOUT PROLUNGATI

Illuminazione

- Torce a LED + batterie.
- Lampada solare/dinamo.
- Candele d'emergenza.

Energia e calore

- Coperta termica e vestiti a strati.
- Una stanza isolata per il freddo.
- Sistemi alternativi di ventilazione estiva.

Cibo e acqua

- Fornello a gas da campeggio + cartucce.
- Scorte di cibo non deperibile.
- Acqua potabile per almeno 7 giorni.
- Recipienti termici e cibi disidratati.

Comunicazioni

- Radio a batterie o a manovella.
- Powerbank carichi.
- Luogo di ritrovo familiare predefinito.

CAPITOLO 11
SICUREZZA E DIFESA PERSONALE

Quando si pensa alla "sicurezza" in tempi di crisi, molti immaginano subito armi e scontri fisici. In realtà, la difesa personale e domestica in Europa deve essere affrontata in modo **responsabile e realistico**.

Il primo obiettivo non è affrontare il pericolo con la violenza, ma **evitarlo e ridurne l'impatto**. Una casa preparata, una famiglia consapevole e una comunità coesa sono molto più efficaci di qualsiasi gesto impulsivo.

PROTEZIONE DELLA CASA

Sicurezza passiva

Il concetto di sicurezza passiva si basa sulla prevenzione: rendere la casa un obiettivo poco attraente e difficile da colpire.

- **Serrature rinforzate** → installa cilindri di alta sicurezza, defender esterni e porte blindate certificate. La maggior parte dei tentativi di intrusione fallisce davanti a un ostacolo ben protetto.

- **Finestre protette** → utilizza persiane robuste, grate discrete o vetri antisfondamento, soprattutto per i piani bassi.

- **Illuminazione esterna** → luci con sensori di movimento all'ingresso e sul retro della casa danno l'idea di un'abitazione sorvegliata.

- **Profilo basso** → non ostentare scorte di cibo, acqua, generatori o apparecchiature. In tempi di crisi, attirare attenzioni può essere pericoloso.

L'obiettivo non è trasformare la casa in un bunker, ma renderla meno vulnerabile rispetto ad altre, riducendo la probabilità di essere scelta come bersaglio.

Organizzazione familiare

La tecnologia non basta: la sicurezza nasce anche dalla **coordinazione tra i membri della famiglia**.

- **Procedure chiare** → stabilisci chi contatta i soccorsi, chi resta con i bambini, chi si occupa delle scorte.

- **Punto di rifugio interno** → scegli una stanza centrale, senza troppe finestre, da usare come luogo sicuro in caso di minaccia esterna.
- **Strumenti a portata di mano** → torce, telefoni carichi, powerbank, radio e numeri di emergenza devono essere accessibili in pochi secondi.
- **Simulazioni pratiche** → prova in anticipo cosa fare in caso di allarme o interruzione elettrica: ogni minuto guadagnato può fare la differenza.

Strategie di autodifesa non violente

Non sempre è possibile evitare un contatto con potenziali aggressori, ma la difesa non implica necessariamente violenza.

- **Consapevolezza**
  - Il primo strumento di difesa è l'attenzione: evitare strade isolate, zone a rischio, luoghi di disordini o saccheggi.
  - Riconoscere segnali di pericolo in anticipo riduce la possibilità di scontri.

- **Dissuasione**
  - Una postura sicura, la voce ferma e un atteggiamento deciso possono scoraggiare aggressori insicuri o opportunisti.
  - Spesso, la percezione di "facile vittima" è ciò che attira un attacco: mostrare sicurezza riduce questo rischio.

- **Uso dell'ambiente**
  - Oggetti quotidiani possono diventare barriere difensive: chiudere una porta, usare un tavolo o una sedia per mantenere distanza.
  - Non serve forza, ma creatività e prontezza.

- **Autodifesa fisica di base**
  - Frequentare corsi di difesa personale insegna tecniche semplici ed efficaci: liberarsi da prese, allontanare un aggressore, proteggere un familiare.
  - L'obiettivo non è colpire, ma guadagnare tempo per fuggire.

- **La fuga come priorità**
  - Nessuna difesa è più efficace della ritirata in sicurezza.
  - Evitare lo scontro diretto deve restare la regola principale.

Messaggio chiave

Una casa protetta è il risultato di **scelte intelligenti e organizzazione familiare**, non di paura.

La vera resilienza nasce dall'equilibrio: sicurezza passiva, preparazione mentale e strategie di autodifesa non violente che riducono al minimo il rischio di danni.

DIFFERENZE LEGALI NELL'USO DELLA FORZA

Europa: un quadro frammentato

Ogni paese europeo ha il proprio ordinamento giuridico in materia di **legittima difesa** e uso della forza. Tuttavia, esistono alcuni principi condivisi:

• **Uso proporzionato della forza**

Puoi difenderti da un'aggressione, ma la tua reazione deve essere proporzionata alla minaccia. Ad esempio, non puoi usare un coltello contro un ladro disarmato che tenta di rubare un oggetto.

• **Pericolo immediato e concreto**

La legittima difesa è ammessa solo se la minaccia è **attuale** (non potenziale o futura). Non basta la paura generica: deve esserci un'aggressione in corso o imminente.

• **Armi da fuoco**

In molti paesi europei (come Regno Unito, Italia, Germania, Spagna) l'uso di armi da fuoco in ambito domestico è fortemente regolamentato o vietato. L'accesso alle armi è riservato a categorie specifiche e con permessi rigorosi.

• **Oggetti di difesa personale**

◦ **Spray al peperoncino**: legale in alcuni stati, vietato o soggetto a limitazioni in altri.

◦ **Bastoni telescopici, taser, coltelli**: spesso classificati come armi improprie, quindi vietati al porto e punibili se usati senza giustificazione.

◦ **Dispositivi di allarme personale**: generalmente permessi e consigliati come strumenti deterrenti.

Rischio di conseguenze legali

Il confine tra difesa e aggressione può essere sottile. In molti casi, chi si difende rischia comunque un procedimento legale.

• **Uso eccessivo della forza**

Anche se la minaccia è reale, reagire con mezzi sproporzionati può portare a **denunce penali** o risarcimenti civili.

• **Armi improprie**

Un oggetto non autorizzato (es. coltello da cucina usato come arma) può diventare motivo di incriminazione.

• **Valutazione caso per caso**

I tribunali analizzano sempre il contesto: luogo, dinamica, intenzioni dell'aggressore e del difensore.

Consiglio pratico

La miglior difesa legale è la **preparazione preventiva**:

• Informati sulle **leggi specifiche del tuo paese** riguardo legittima difesa e strumenti di protezione.

• Prediligi **strumenti dissuasivi e legali** (illuminazione esterna, allarmi sonori, spray consentiti, corsi di autodifesa).

- Ricorda che la **priorità è sempre la fuga e la protezione della famiglia,** non lo scontro diretto.

Tabella comparativa – Legittima difesa e strumenti di protezione in Europa					
Paese	Legittima difesa (principio)	Armi da fuoco in casa	Spray al peperoncino	Altri strumenti di difesa	Note pratiche
Italia	Difesa proporzionata al pericolo immediato. La legge prevede "legittima difesa domiciliare" in caso di intrusione.	Possesso possibile con porto d'armi; uso limitato.	Legale se con concentrazione ≤ 10% OC e con marchio CE.	Bastoni telescopici vietati. Taser solo a forze dell'ordine.	Molto restrittiva: valutazione sempre caso per caso.
Francia	Difesa ammessa solo contro un'aggressione ingiusta e immediata; reazione proporzionata.	Accesso con licenza, uso in casa molto limitato.	Consentito, ma regolamentato (dosaggi specifici).	Taser vietati ai civili. Coltelli vietati in luoghi pubblici.	Giudici molto attenti alla proporzionalità.
Germania	Ammessa solo in caso di pericolo attuale e illegittimo. Nessuna "legittima difesa preventiva".	Consentito con porto d'armi sportivo o da caccia; uso difensivo in casa molto limitato.	Spray legale solo come autodifesa contro animali, ma tollerato anche contro persone.	Bastoni e taser vietati.	Molto rigida; forte controllo sulle armi.
Spagna	Difesa valida solo in caso di aggressione ingiusta, attuale e proporzionata.	Possesso limitato a cacciatori e sportivi.	Consentito con regolamentazione.	Altri strumenti (bastoni, taser) vietati.	Legislazione simile a quella italiana.
Regno Unito	Difesa ammessa solo con "uso ragionevole della forza" (reasonable force).	Accesso quasi impossibile per i civili.	Spray al peperoncino vietato.	Taser e coltelli vietati.	Paese tra i più restrittivi d'Europa.

CHECKLIST PRATICA – SICUREZZA E DIFESA PERSONALE

Casa sicura

- Porta blindata e serrature rinforzate.
- Illuminazione esterna con sensori.
- Finestre sicure o protette.

Autodifesa non violenta

- Corsi base di difesa personale.
- Tecniche di dissuasione verbale e postura sicura.
- Procedure familiari in caso di intrusione.

Aspetti legali

- Conosci le leggi sulla legittima difesa nel tuo paese.
- Usa solo strumenti consentiti (es. spray al peperoncino dove legale).
- Evita azioni sproporzionate che possano ritorcersi contro di te.

CAPITOLO 12
SOPRAVVIVENZA SANITARIA DOMESTICA

In una crisi prolungata, gli ospedali possono saturarsi o diventare inaccessibili. Le farmacie potrebbero esaurire scorte, i medici non essere reperibili. In queste condizioni, la differenza tra sicurezza e rischio si gioca nella capacità delle famiglie di **gestire la salute a livello domestico**.

Non si tratta di sostituire i medici, ma di saper affrontare i problemi minori, ridurre i rischi e guadagnare tempo prezioso fino a quando i servizi sanitari tornano disponibili. Prepararsi significa avere gli strumenti, le conoscenze e l'organizzazione giusta.

COME ALLESTIRE UN KIT MEDICO

Perché serve un kit medico domestico

Molti sottovalutano l'importanza di avere un vero kit sanitario in casa. Un semplice pacchetto da supermercato con pochi cerotti non basta. In uno scenario di emergenza — blackout, difficoltà di accesso a ospedali o farmacie chiuse — avere un kit ben organizzato può fare la differenza tra gestire una situazione in autonomia e dover attendere soccorsi che potrebbero tardare.

Contenuto essenziale

Il kit deve essere completo, ma senza diventare ingombrante. Ecco cosa non può mancare:

- **Disinfettanti**: soluzioni a base di iodio, clorexidina o alcol per pulire ferite e superfici.

- **Materiale sterile**: garze, bende elastiche, cerotti di varie dimensioni, nastro medico.

- **Protezione personale**: guanti monouso e mascherine, utili sia per ridurre il rischio di infezioni, sia per gestire contagi.

- **Strumenti medici di base**: forbici mediche, pinzette, termometro digitale (meglio se due, con batterie di ricambio).

- **Farmaci generici**:

  ◦ Antipiretici (contro la febbre).

- Analgesici e antinfiammatori di base (per dolori e infiammazioni).
- Soluzioni saline e reidratanti (contro la disidratazione).
- Unguenti antibiotici per piccole ferite o abrasioni.

- **Altri materiali utili**: coperta termica di emergenza, laccio emostatico di base, ghiaccio istantaneo monouso.

Gestione e personalizzazione

Un kit deve adattarsi ai bisogni della famiglia:

- Se in casa ci sono **bambini**, aggiungi farmaci pediatrici e dosaggi specifici.
- Per **anziani o persone con patologie croniche**, integra farmaci salvavita con scorte di almeno 2–4 settimane.
- Considera anche eventuali **allergie** e tieni antistaminici o farmaci prescritti.

Dove conservarlo

- **Contenitore rigido e impermeabile**: protegge da urti, umidità e polvere.
- **Facilmente trasportabile**: deve poter diventare uno "zaino sanitario" in caso di evacuazione.
- **Accessibile ma sicuro**: collocato in un luogo conosciuto da tutti gli adulti della famiglia, ma fuori dalla portata dei bambini.
- **Inventario aggiornato**: allega una lista del contenuto e **segna le date di scadenza** dei farmaci, con un promemoria per sostituirli.

Messaggio chiave

Un kit ben allestito non trasforma una casa in un ospedale, ma offre gli strumenti essenziali per **gestire le prime 72 ore di emergenza sanitaria**. Prepararlo oggi significa ridurre la dipendenza da strutture esterne domani.

PRIMO SOCCORSO IN FAMIGLIA

Perché è fondamentale

Un kit medico, per quanto completo, è inutile senza la conoscenza di base delle tecniche di primo soccorso. In emergenza, non conta avere "cosa" ma sapere "come". Spesso i primi minuti sono decisivi: la prontezza d'azione può salvare vite, soprattutto quando i soccorsi non possono arrivare immediatamente.

Competenze base

Ogni adulto dovrebbe padroneggiare almeno le seguenti procedure:

- **Gestione delle ferite**
- Pulire la ferita con soluzione fisiologica o acqua pulita.
- Disinfettare con prodotti adatti.

- Coprire con garze sterili e fissare con cerotti o bende.
- **Controllo delle emorragie**
  - Applicare una compressione diretta e costante sul punto di sanguinamento.
  - Usare bende elastiche per mantenere la pressione.
  - Evitare di rimuovere corpi estranei profondi: fissarli e attendere soccorsi.
- **Gestione delle ustioni**
  - Raffreddare subito con acqua corrente fresca (mai ghiaccio).
  - Non applicare oli, creme o sostanze grasse.
  - Coprire con garze sterili, mai con tessuti non sterili.
- **Rianimazione cardiopolmonare (RCP)**
  - 30 compressioni toraciche seguite da 2 ventilazioni (per chi è formato).
  - Se non addestrati, mantenere compressioni toraciche continue a ritmo di circa 100–120 al minuto.
  - Ogni adulto dovrebbe conoscere questa tecnica: rappresenta la differenza tra vita e morte.
- **Soffocamento (manovra di Heimlich)**
  - Su adulti e bambini: compressioni addominali rapide e decise fino all'espulsione del corpo estraneo.
  - Su neonati: colpi interscapolari alternati a compressioni toraciche.

Formazione

La pratica è fondamentale. Ogni famiglia dovrebbe:

- **Partecipare a un corso di primo soccorso** organizzato da Croce Rossa, Protezione Civile o enti locali.
- **Conservare manuali cartacei o applicazioni offline** con schede illustrate passo passo.
- **Ripassare periodicamente**: esercitarsi in famiglia, soprattutto con i bambini più grandi, in modo che anche loro acquisiscano un minimo di preparazione.

Messaggio chiave

In emergenza, **non serve essere medici per salvare una vita**. Bastano conoscenze semplici, applicate con calma e decisione, per trasformare una vittima in un sopravvissuto.

GESTIONE DI MALATTIE CRONICHE SENZA OSPEDALE

Perché è cruciale

Le persone con malattie croniche — come diabete, ipertensione, cardiopatie, insufficienza respiratoria o malattie autoimmuni — rappresentano la fascia più vulnerabile in caso di emergenza sanitaria o collasso degli ospedali. La loro sopravvivenza dipende non solo dall'accesso a farmaci e cure, ma anche dalla continuità della gestione quotidiana.

Prepararsi significa **guadagnare tempo prezioso**, riducendo la dipendenza immediata dal sistema sanitario.

Farmaci e scorte

• **Riserva minima di 30 giorni** dei farmaci essenziali, con rotazione regolare per evitare scadenze.

• **Prescrizioni aggiornate**: conservare copie cartacee e digitali delle ultime ricette mediche.

• **Alternative terapeutiche**: consultare preventivamente il medico per avere piani B (es. farmaci generici equivalenti).

• **Conservazione corretta**: rispettare temperature e condizioni di stoccaggio (alcuni farmaci richiedono refrigerazione, valutare soluzioni portatili come mini-frigo a batteria).

Monitoraggio domestico

Avere strumenti di base permette di controllare parametri vitali e prevenire complicazioni:

• **Misuratore di pressione** per ipertesi o cardiopatici.

• **Glucometro** per persone con diabete.

• **Saturimetro** per monitorare ossigenazione, utile in caso di malattie respiratorie.

• **Quaderno o registro digitale offline**: annotare valori quotidiani, sintomi e variazioni, in modo da avere uno storico utile anche per i medici quando disponibili.

Organizzazione familiare

• **Responsabile interno**: designare un familiare che si occupi del monitoraggio e della somministrazione dei farmaci.

• **Formazione di base**: assicurarsi che almeno due membri della famiglia conoscano le procedure (per garantire continuità in caso di assenza o indisposizione).

• **Rete di supporto esterna**: accordarsi con vicini, amici o parenti per avere aiuto nei momenti di emergenza o per reperire farmaci mancanti.

• **Piano di evacuazione mirato**: chi soffre di malattie croniche dovrebbe avere priorità logistica (es. trasporto agevolato, kit personale sempre pronto).

Strategie di resilienza

• Preparare una **scheda sanitaria sintetica** con: patologia, farmaci in uso, allergie, contatti medici principali.

• Conservare copie in formato cartaceo e digitale (su chiavetta USB non connessa).

• Considerare l'uso di **telemedicina offline** (manuali o app che funzionano senza connessione) per linee guida di emergenza.

Messaggio chiave

Gestire una malattia cronica senza ospedale è difficile, ma **scorte ben pianificate, strumenti di monito-**

raggio e disciplina familiare possono garantire settimane di autonomia e, in molti casi, fare la differenza tra la sopravvivenza e una crisi irreversibile.

CHECKLIST PRATICA - SOPRAVVIVENZA SANITARIA DOMESTICA

Kit medico

- Disinfettanti e garze.
- Guanti e mascherine.
- Termometro e forbici mediche.
- Analgesici, antipiretici, antibiotici topici.

Competenze

- Corso di primo soccorso completato.
- Tecniche base di RCP e Heimlich.
- Manuali offline a disposizione.

Malattie croniche

- Scorte di farmaci per almeno 30 giorni.
- Strumenti di monitoraggio domestico.
- Prescrizioni aggiornate conservate

CAPITOLO 13
RESILIENZA ALIMENTARE

Il cibo è la prima fonte di stabilità psicologica e fisica. Nei momenti di crisi, la disponibilità di alimenti nei supermercati può ridursi drasticamente, creando panico e competizione. Costruire una **resilienza alimentare** significa ridurre la dipendenza totale dalle catene di distribuzione e creare fonti alternative di approvvigionamento.

Non è necessario diventare agricoltori o accumulare scorte infinite, ma sviluppare la capacità di garantire alla propria famiglia una **base di autonomia alimentare** attraverso scelte intelligenti e strategie comunitarie.

ORTI DOMESTICI E AUTOSUFFICIENZA

Coltivare in spazi ridotti

Non serve avere ettari di terreno per garantire alla famiglia un minimo di autosufficienza alimentare. Anche i piccoli spazi urbani possono diventare produttivi se organizzati con metodo:

- **Balconi e terrazzi**: vasi, cassette e sacchi di coltivazione permettono di produrre insalate, pomodori ciliegini, peperoni, fragole.

- **Giardini di città**: aiuole o piccoli lotti possono essere convertiti in orti familiari, anche con serre leggere per allungare la stagione.

- **Coltivazioni verticali**: scaffali, pallet riciclati, torri idroponiche consentono di sfruttare lo spazio in altezza.

- **Vasi profondi**: ideali per piante come carote, patate e zucchine, che necessitano più spazio radicale.

Verdure facili da coltivare

- **Lattuga e spinaci**: crescono rapidamente e possono essere raccolti più volte.

- **Pomodori e peperoni**: resistenti e produttivi, perfetti per terrazzi soleggiati.

- **Zucchine e fagiolini**: abbondanti con poche cure.

- **Piante aromatiche**: basilico, rosmarino, salvia, timo, prezzemolo → arricchiscono i piatti e hanno anche proprietà medicinali.

Benefici di un orto domestico

- **Scorta alimentare fresca e continua**: anche un raccolto minimo garantisce verdure fresche in situazioni di crisi.
- **Controllo sulla qualità**: coltivando da sé si evitano pesticidi nocivi e si scelgono varietà più nutrienti.
- **Sicurezza psicologica**: avere cibo "a portata di mano" riduce ansia e senso di impotenza durante emergenze.
- **Attività familiare**: prendersi cura dell'orto diventa un modo per educare i bambini alla resilienza e creare momenti di coesione.
- **Risparmio economico**: anche poche coltivazioni possono ridurre le spese settimanali al supermercato.

Consigli pratici per iniziare

- Inizia con **poche varietà facili**, per non sovraccaricare la gestione.
- Usa **compost domestico** per arricchire il terreno in modo naturale.
- Pianifica **raccolti scalari**, seminando a distanza di alcune settimane per avere sempre verdure pronte.
- Valuta piccoli sistemi di **idroponica o acquaponica** per coltivare senza terra, soprattutto in ambienti interni.

Un orto domestico non coprirà mai il 100% dei bisogni alimentari di una famiglia, ma può diventare una **fonte stabile di nutrienti freschi, varietà e indipendenza psicologica**, soprattutto in periodi di scarsità o inflazione.

ALIMENTI A LUNGA DURATA E TECNICHE DI CONSERVAZIONE

Scorte intelligenti

Una dispensa ben organizzata è la prima linea di difesa contro interruzioni nella catena di approvvigionamento. Gli alimenti a lunga durata garantiscono sicurezza nutrizionale anche in situazioni di crisi.

- **Pasta, riso, legumi secchi, cereali integrali** → fonte di carboidrati e proteine vegetali, facilmente conservabili.
- **Scatolame**: tonno, sgombro, fagioli, ceci, mais, zuppe pronte → resistono anni e forniscono pasti rapidi.
- **Verdure sott'olio e sottaceto** → utili per mantenere varietà nella dieta.
- **Frutta secca e semi**: noci, mandorle, semi di zucca e girasole → alta densità calorica, facili da stoccare.
- **Miele, zucchero, sale** → conservanti naturali e risorse preziose anche per baratto.
- **Latte in polvere o UHT** → garantiscono apporto di calcio e proteine anche senza refrigerazione.
- **Pane a lunga conservazione o gallette** → alternative utili in assenza di panifici.

Tecniche di conservazione

Non basta acquistare scorte: saperle conservare nel tempo è altrettanto cruciale.

- **Essiccazione** → frutta, erbe e verdura essiccate resistono mesi senza frigorifero, mantenendo vitamine e minerali.
- **Sottovuoto** → carne, formaggi e legumi sottovuoto durano molto più a lungo, riducendo sprechi e muffe.
- **Fermentazione** → crauti, yogurt, kefir, kombucha: aumentano la varietà, favoriscono la salute intestinale e durano settimane.
- **Congelamento** → ottimo per carne, pesce, verdure e pane, ma **affidabile solo in scenari con elettricità stabile**. In caso di blackout, i congelatori diventano un punto debole.
- **Conserve domestiche** → marmellate, salse di pomodoro, legumi sterilizzati in barattolo → tradizione utile che può tornare vitale.

Strategia di rotazione

Scorte che non vengono consumate diventano inutili. Per questo è essenziale adottare una gestione a ciclo continuo:

- **"First in, first out"**: consuma prima gli alimenti più vecchi.
- **Controllo scadenze**: aggiorna regolarmente la dispensa.
- **Uso quotidiano**: integra le scorte nell'alimentazione normale per mantenerle fresche.

Pianifica una **riserva alimentare di almeno due settimane** per tutta la famiglia. Con una gestione oculata, la dispensa non diventa un magazzino "morto", ma una risorsa viva, sempre pronta e funzionale.

BARATTO E RETI LOCALI

Quando il denaro non basta

In una crisi prolungata, il denaro può perdere temporaneamente la sua funzione. Non perché non abbia più valore in sé, ma perché **i beni primari diventano più importanti della valuta stessa**. In questi scenari, il baratto e lo scambio diretto tornano a essere strumenti vitali.

Beni preziosi in caso di crisi

Alcuni oggetti assumono immediatamente un valore superiore, perché difficili da reperire e indispensabili:

- **Cibo conservato** (pasta, riso, legumi secchi, scatolame): la risorsa più scambiata, perché universale.
- **Acqua potabile**: bene primario, più prezioso di qualsiasi valuta in scenari di interruzione idrica.
- **Farmaci da banco** (analgesici, antipiretici, disinfettanti, vitamine): spesso difficili da trovare in emergenze.
- **Strumenti pratici** (batterie, torce, powerbank, fiammiferi, candele, sapone): oggetti semplici che diventano fondamentali.
- **Materiali di igiene** (carta igienica, sapone, prodotti per neonati): beni che, in crisi passate, hanno avuto un ruolo centrale negli scambi.

☞ In emergenza, la logica del mercato cambia: un pacco di riso o un flacone di disinfettante può valere più di una banconota da 50 euro.

Il valore delle competenze

Non solo beni materiali: anche le competenze diventano "moneta".

- **Competenze artigianali**: riparazioni domestiche, falegnameria, cucito.
- **Competenze mediche di base**: primo soccorso, gestione di ferite, assistenza agli anziani.
- **Competenze alimentari**: cucina con scarse risorse, panificazione casalinga, conservazione.
- **Competenze tecniche**: riparazione di dispositivi elettronici o meccanici, gestione di piccoli sistemi solari o idrici.

☞ In tempi di scarsità, **saper fare** può essere prezioso quanto **avere**.

Reti di comunità

Il baratto funziona meglio se esiste un contesto di fiducia e collaborazione.

- **Rapporti di vicinato**: conoscersi e creare piccoli gruppi di mutuo soccorso riduce i rischi e moltiplica le risorse.
- **Mercati di scambio**: organizzare spazi sicuri (piazze, cortili, centri comunitari) dove gli scambi avvengano con regole condivise.
- **Sicurezza collettiva**: proteggere la comunità da speculatori o criminali che approfittano delle crisi.
- **Valorizzazione del gruppo**: una rete locale può garantire non solo beni, ma anche sostegno psicologico e protezione reciproca.

Perché il baratto rafforza la resilienza

In tempi di crisi, il singolo isolato è più vulnerabile. Una comunità, invece, diventa un **moltiplicatore di risorse**: chi ha cibo può scambiarlo con chi ha farmaci, chi ha competenze tecniche può ricevere in cambio beni essenziali.

☞ **La comunità diventa più forte del singolo.** Non è solo un modo per sopravvivere, ma per mantenere dignità, sicurezza e coesione sociale.

CHECKLIST PRATICA – RESILIENZA ALIMENTARE

Orti domestici

- Allestisci un piccolo orto o vasi con erbe e verdure.
- Scegli colture facili e veloci da crescere.
- Coinvolgi la famiglia nella manutenzione.

Scorte alimentari

- Pasta, riso, legumi secchi per almeno 2 settimane.

- Scatolame e cibi pronti a lunga durata.
- Tecniche di conservazione (essiccazione, sottovuoto, fermentazione).

Reti e scambi

- Identifica beni da usare come baratto.
- Partecipa a gruppi o mercati locali di scambio.
- Valorizza competenze pratiche come risorsa di comunità.

CAPITOLO 14
COMUNICAZIONI DI EMERGENZA

In una società iperconnessa, siamo abituati a pensare che internet e telefoni cellulari saranno sempre disponibili. Ma basta un blackout elettrico, un guasto tecnico o un cyberattacco per spegnere la nostra capacità di comunicare con il mondo esterno.

Le **comunicazioni di emergenza** sono il filo che mantiene unita una famiglia durante una crisi. Prepararsi significa avere alternative, ridondanze e piani chiari per restare in contatto quando la tecnologia moderna non funziona più.

PERCHÉ LE COMUNICAZIONI SALTANO

Le comunicazioni moderne sono potenti, ma estremamente fragili. Basta un singolo punto di rottura perché telefoni, internet e sistemi digitali si interrompano. Sapere **perché** può accadere è fondamentale per prepararsi.

Cause principali

- **Blackout elettrici**

Senza elettricità, le antenne della telefonia mobile, i server internet e i centri di smistamento delle comunicazioni si spengono. Alcuni hanno generatori di emergenza, ma funzionano solo per poche ore o giorni.

- **Cyberattacchi**

Hacker possono paralizzare reti telefoniche e digitali, impedendo l'accesso a servizi di messaggistica, pagamenti o persino al GPS.

- **Sovraccarico di rete**

In caso di emergenza, migliaia di persone provano a chiamare contemporaneamente. Le linee non sono progettate per reggere picchi così alti e collassano.

- **Guasti fisici**

Un incendio in una centrale, un'alluvione che danneggia le linee sotterranee, o un sabotaggio mirato possono isolare intere città.

> Sapere che le comunicazioni possono venire meno è il primo passo per pianificare alternative.

Soluzioni domestiche e familiari

Piani di comunicazione familiare

- **Punti di ritrovo prestabiliti**: decidi luoghi chiari e facili da raggiungere (es. una piazza vicina, la casa di un parente) in caso di mancato contatto telefonico.

- **Lista cartacea di numeri**: tieni sempre scritti numeri di familiari, vicini, medici, scuole e servizi di emergenza. La memoria digitale non basta.

- **Contatto esterno**: individua un parente o amico che vive in un'altra città. Se la rete locale è fuori uso, è più probabile che riesca a ricevere messaggi o chiamate e fare da punto di collegamento.

Strumenti alternativi

- **Radio a batterie o a manovella**

Essenziali per ricevere notizie ufficiali in caso di blackout elettrico e digitale.

- **Powerbank ad alta capacità**

Mantieni carichi più dispositivi possibili. Preferisci modelli solari o a ricarica rapida.

- **Walkie-talkie a corto raggio**

Funzionano anche senza rete telefonica. Utile tra membri della famiglia o in condomini e quartieri.

- **Radio amatoriali (HAM)**

Strumento più avanzato, richiede licenza in molti paesi europei. Permette comunicazioni a lunga distanza anche in scenari di collasso totale delle reti convenzionali.

In emergenza, **la regola d'oro è: non contare su un solo canale di comunicazione**. Prepara sempre **un piano B** e, se possibile, **anche un piano C**.

COMUNICAZIONI COMUNITARIE

In scenari di crisi prolungata, quando i sistemi digitali e telefonici non funzionano o sono instabili, la **rete comunitaria** diventa un vero e proprio salvagente. La capacità di mantenere un flusso informativo locale affidabile permette di ridurre il panico, coordinare gli aiuti e garantire sicurezza reciproca.

Gruppi di vicinato

- Creare una rete di contatto tra vicini di casa o condomini.

- Stabilire chi raccoglie e diffonde le notizie più importanti (un "referente" per palazzo o strada).

- Condividere informazioni affidabili su disponibilità di cibo, acqua, farmaci e situazioni di pericolo.

- Evitare la diffusione di voci non verificate: un gruppo coeso riduce il rischio di panico.

Radio comunitarie o canali alternativi

- In molte zone esistono già **radio locali** che possono diventare canali vitali in caso di blackout mediatico.

- I radioamatori possono collegare comunità diverse, trasmettendo aggiornamenti a più quartieri o paesi.

- Canali digitali decentralizzati (quando disponibili) come **reti mesh locali** possono garantire messaggi anche senza internet globale.

Comunicazioni cartacee

- **Volantini** con istruzioni di emergenza (es. dove trovare acqua, dove sono i punti di primo soccorso).

- **Bacheche fisiche** nei punti strategici (piazze, scuole, chiese, negozi aperti) per aggiornare la popolazione.

- Un sistema antico ma efficace: i **messaggeri di quartiere**, incaricati di portare informazioni casa per casa, soprattutto per anziani o persone isolate.

Non sempre serve la tecnologia: anche un sistema di comunicazione semplice, ma ben organizzato, può **fare la differenza tra caos e resilienza**. La comunità informata è una comunità più sicura.

CHECKLIST PRATICA – COMUNICAZIONI DI EMERGENZA

A livello personale

- Lista cartacea di numeri utili.
- Powerbank sempre carico.
- Radio a batterie o a manovella.

A livello familiare

- Punti di ritrovo prestabiliti.
- Contatto esterno come riferimento.
- Walkie-talkie per comunicazioni a breve raggio.

A livello comunitario

- Gruppi di vicinato attivi.
- Sistemi di diffusione locale (bacheche, volantini).
- Collaborazione con radio amatoriali.

CAPITOLO 15
MOBILITÀ E TRASPORTI IN EMERGENZA

La mobilità è una delle prime vittime di una crisi.

Basta un blackout, una carenza di carburante, una protesta di massa o un disastro naturale per paralizzare completamente **strade, ferrovie, aeroporti e trasporti pubblici**. Le metropoli europee, dipendenti dal trasporto quotidiano, diventano in queste situazioni delle vere trappole.

Prepararsi alla mobilità d'emergenza significa avere piani chiari su **come muoversi**, **quando non muoversi** e **quali mezzi alternativi usare**.

QUANDO I TRASPORTI SI FERMANO

La mobilità è uno dei pilastri della vita moderna. Ogni giorno milioni di persone si spostano per lavoro, studio, cure o per rifornirsi di beni primari. Ma proprio questa dipendenza dai trasporti rende le società urbane estremamente fragili: basta un blocco improvviso per trasformare una città in una trappola.

Blocchi stradali

- Le strade urbane e le arterie principali possono essere paralizzate da **proteste improvvise**, **incidenti di massa** o persino da **decisioni di sicurezza governative** (check-point, zone rosse).
- I quartieri rimangono isolati e i soccorsi faticano ad arrivare.
- Per chi resta imbottigliato in auto o autobus, anche pochi chilometri diventano ore di attesa.

Blackout ferroviari

- Un **guasto ai sistemi di segnalazione** o un **attacco informatico mirato** può bloccare in contemporanea treni regionali, linee ad alta velocità e metropolitane.
- Pendolari fermi per ore nelle stazioni o addirittura sui binari, senza informazioni chiare.
- Catena di ritardi che si propaga a livello nazionale, bloccando anche le merci.

Aeroporti paralizzati

• I sistemi digitali sono il cuore della logistica aeroportuale: basta un crash informatico ai check-in o un sabotaggio per creare **giorni di ritardi e cancellazioni a catena**.

• Migliaia di passeggeri restano intrappolati nelle aree di attesa, con conseguente mancanza di acqua, cibo e spazi igienici adeguati.

• La paralisi di un solo grande hub può avere conseguenze sull'intero traffico aereo europeo.

Carenza di carburante

• Se le forniture di benzina e gasolio vengono interrotte, le pompe si svuotano in poche ore.

• Si creano **file interminabili ai distributori**, con tensioni tra automobilisti esasperati.

• In caso di chiusura totale, non solo i cittadini restano a piedi, ma anche i rifornimenti alimentari e sanitari rischiano di fermarsi.

Impatto quotidiano

• I lavoratori non riescono a raggiungere le aziende.

• I bambini non possono andare a scuola.

• Le forniture essenziali (cibo, acqua, farmaci) non arrivano nei negozi.

• Gli ospedali faticano a ricevere pazienti e materiali.

☞ In emergenza, non sempre la scelta giusta è "uscire di casa". Spesso la vera sicurezza sta nel **restare fermi, protetti e organizzati**, piuttosto che rischiare di rimanere intrappolati nel caos urbano.

STRATEGIE DI MOBILITÀ SICURA

Quando i trasporti si fermano o diventano pericolosi, la mobilità sicura diventa una questione di sopravvivenza. Non si tratta solo di spostarsi, ma di farlo in modo **consapevole, pianificato e resiliente**, riducendo i rischi per sé e per la propria famiglia.

Pianificazione

La preparazione inizia molto prima dell'emergenza.

• **Identifica vie alternative**: non affidarti a una sola strada per raggiungere casa, lavoro o ospedale. Conosci percorsi secondari e strade minori.

• **Prepara mappe cartacee**: in caso di blackout digitale, i GPS smettono di funzionare. Una mappa tradizionale può diventare l'unico strumento affidabile.

• **Stabilisci punti di ritrovo familiari**: scegli luoghi sicuri, facilmente raggiungibili a piedi, come una scuola, una chiesa o un parco conosciuto.

☞ In situazioni di panico collettivo, la chiarezza di un piano evita decisioni affrettate e pericolose.

Mezzi alternativi

Non sempre sarà possibile usare l'auto o i mezzi pubblici. Pensare ad alternative significa garantirsi più margini di movimento.

- **Bicicletta**: veloce, indipendente dal carburante, permette di evitare code e blocchi. Un buon kit di manutenzione e una catena robusta sono indispensabili.
- **Monopattini o scooter elettrici**: utili solo per brevi distanze, ma ricordati che dipendono da batterie cariche. Valuta pannelli solari portatili per ricariche d'emergenza.
- **Camminare a piedi**: la forma di mobilità più antica e affidabile. Pianifica percorsi sicuri con zone d'ombra, punti di rifornimento d'acqua e luoghi riparati.

Allenare la resistenza fisica con passeggiate o piccoli trekking settimanali aumenta la capacità di affrontare tragitti più lunghi a piedi in caso di necessità.

Sicurezza negli spostamenti

Il movimento in scenari di crisi comporta rischi aggiuntivi. Adotta strategie di prudenza.

- **Evita zone di protesta, saccheggi o incidenti**: monitorare le notizie (radio, passaparola locale) ti aiuta a non entrare in aree a rischio.
- **Muoviti in piccoli gruppi**: viaggiare da soli ti rende più vulnerabile. Una coppia o un gruppo familiare riduce i rischi.
- **Zaino leggero e funzionale**: prepara un kit da mobilità con acqua, snack, kit di primo soccorso, powerbank e una torcia compatta.
- **Profilo basso**: non attirare attenzioni con oggetti costosi, tecnologia visibile o scorte evidenti. L'anonimato è una protezione.

La mobilità sicura non è velocità, ma **discrezione, pianificazione e resilienza**.

EVACUAZIONI E MOBILITÀ D'URGENZA

Ci sono situazioni in cui restare a casa diventa impossibile. Un'alluvione che minaccia di sommergere i quartieri più bassi, un incendio che avanza rapidamente, o un ordine di evacuazione emesso dalle autorità: in questi casi, la priorità assoluta è mettersi in salvo. L'errore più comune è pensare che ci sarà tempo per prepararsi sul momento. In realtà, quando scatta l'allarme, ogni minuto conta e ciò che hai pianificato in anticipo può fare la differenza tra un'uscita ordinata e una fuga nel panico.

Regole per l'evacuazione rapida

• Tieni pronto un kit d'emergenza familiare

Uno zaino o una borsa sempre accessibile, con documenti, contanti, acqua, snack e un piccolo kit medico. Non deve essere perfetto, ma pronto da prendere in pochi secondi.

• Mantieni sempre almeno mezzo serbatoio di carburante nell'auto

In emergenza, le stazioni di servizio possono essere prese d'assalto o rimanere senza rifornimenti. Un mezzo serbatoio garantisce autonomia sufficiente per raggiungere aree più sicure.

• Prepara un percorso primario e uno secondario

Non affidarti al solo GPS: in caso di blackout o rete intasata, potrebbe non funzionare. Usa mappe cartacee e segnati in anticipo due vie di uscita dalla città: una principale e una alternativa.

• Evita le strade principali

Autostrade e arterie centrali si intasano rapidamente. Strade secondarie o vie di campagna spesso sono più sicure e permettono di avanzare anche se più lunghe.

Evacuare con lucidità

- **Mantieni la calma in famiglia**: chi guida deve essere concentrato, chi accompagna deve tenere i bambini e gli anziani tranquilli.

- **Stabilisci un punto di ritrovo** in caso di separazione accidentale. Anche una piazza o un edificio facilmente riconoscibile può diventare un riferimento.

- **Viaggia leggero**: porta con te solo lo stretto indispensabile. Ogni minuto sprecato a caricare oggetti superflui può costare caro.

- **Tieni le comunicazioni attive**: se possibile, avvisa un parente esterno alla zona del tuo spostamento, così che qualcuno sappia sempre dove sei diretto.

L'evacuazione non deve essere improvvisata. Va pianificata nei dettagli quando la situazione è calma, così da avere prontezza e lucidità quando il caos diventa reale.

CHECKLIST PRATICA – MOBILITÀ E TRASPORTI IN EMERGENZA

Prima della crisi

- Mappe cartacee aggiornate.
- Bicicletta o mezzi alternativi funzionanti.
- Auto con almeno mezzo serbatoio sempre pieno.

Durante la crisi

- Evita zone di disordini o blocchi.
- Spostati in gruppo quando possibile.
- Porta uno zaino con acqua, snack, kit medico.

In caso di evacuazione

- Kit d'emergenza pronto.
- Percorsi primari e secondari definiti.
- Punto di ritrovo familiare stabilito.

CAPITOLO 16
IL PIANO D'EMERGENZA FAMILIARE

Nessun kit, nessuna scorta e nessuna torcia valgono davvero se la famiglia non ha un **piano condiviso**.

In una crisi, la confusione e il panico sono i peggiori nemici. Quando telefoni e internet non funzionano, quando le strade sono bloccate e le notizie contraddittorie, l'unica bussola che ti guida è un piano familiare già provato.

Un piano d'emergenza familiare non deve essere complesso: deve essere **semplice, chiaro e conosciuto da tutti i membri della famiglia**. È il cuore della resilienza domestica.

DEFINIRE I RUOLI FAMILIARI

In una situazione di emergenza, il caos e il panico sono i peggiori nemici. Le famiglie che non hanno mai discusso prima "chi fa cosa" rischiano di confondersi, perdere tempo prezioso e commettere errori. Al contrario, assegnare ruoli chiari a ciascun membro riduce la tensione, accelera le decisioni e assicura che nessuno venga dimenticato.

Ruoli fondamentali da stabilire

- **Chi guida le decisioni**

È importante identificare una figura di riferimento: una persona calma, lucida e in grado di prendere decisioni rapide. Non deve essere un "capo autoritario", ma il punto fermo a cui gli altri si affidano nei momenti critici. La sua responsabilità principale è mantenere l'ordine, dare indicazioni chiare e prevenire il panico.

- **Chi si occupa di bambini o anziani**

I più fragili vanno protetti per primi. Assegnare in anticipo a un adulto il compito di prendersi cura di bambini piccoli, anziani o persone con disabilità garantisce che non vengano mai lasciati indietro durante una fuga o evacuazione. Sapere già chi li accompagna evita confusione all'ultimo minuto.

- **Chi gestisce il kit e le scorte**

In emergenza, non c'è tempo per cercare torce o medicinali. Una persona deve avere l'incarico preciso di prendere lo zaino d'emergenza e controllare che le scorte siano con sé. La stessa persona si occuperà di distribuirle durante lo spostamento o l'attesa.

- **Chi cura le comunicazioni**

Restare isolati può essere pericoloso. Un membro della famiglia deve avere il compito di contattare parenti esterni, vicini o gruppi di quartiere, informando sugli spostamenti e ricevendo aggiornamenti. Se internet e telefoni non funzionano, è la persona che mantiene viva la rete locale (radio, walkie-talkie, punti di ritrovo).

Il vantaggio della preparazione

In una crisi, ogni secondo conta. Se ognuno sa già cosa deve fare, il rischio di errori e panico diminuisce drasticamente. Una famiglia organizzata non è solo più sicura: è anche più resiliente e capace di affrontare insieme la tempesta.

PUNTI DI RITROVO E PERCORSI SICURI

In caso di emergenza, telefoni e internet possono non funzionare. Ritrovarsi diventa allora una questione di vita o di morte. Ecco perché ogni famiglia deve stabilire in anticipo punti di incontro chiari e percorsi sicuri da seguire.

Punti di ritrovo

- **Primario – vicino a casa**

Deve essere facilmente raggiungibile a piedi da tutti i membri della famiglia. Può essere un parco, una piazza, un parcheggio o un edificio sicuro poco distante. Il suo scopo è consentire di riunirsi rapidamente se ci si disperde nei dintorni dell'abitazione.

- **Secondario – fuori dal quartiere**

Se la zona di casa diventa pericolosa o inaccessibile (incendi, alluvioni, proteste, crolli), è fondamentale avere un punto di ritrovo alternativo a una distanza maggiore. Può essere la casa di un parente, un edificio pubblico affidabile, o un luogo ben conosciuto da tutti.

Percorsi

- **Vie principali**

Identifica almeno due percorsi per uscire dal quartiere o dalla città, a piedi o in auto. Devono essere strade che tutti i membri della famiglia conoscono bene.

- **Alternative secondarie**

Le emergenze raramente rispettano i piani. È utile conoscere strade secondarie meno affollate, vicoli o sentieri pedonali che possano aggirare blocchi stradali o zone congestionate.

- **Mappe cartacee**

Non affidarti esclusivamente al GPS o alle mappe digitali: un blackout o un cyberattacco può rendere inutilizzabili smartphone e navigatori. Conserva mappe cartacee del quartiere e della città, con i percorsi evidenziati in anticipo.

Consiglio pratico

Organizza almeno **una volta all'anno** una simulazione familiare: tutti percorrono insieme il tragitto verso i punti di ritrovo. Questo semplice esercizio trasforma il piano da teoria a memoria muscolare, rendendolo più efficace in caso di reale emergenza.

COMUNICAZIONI DI EMERGENZA

In uno scenario di crisi, la comunicazione è la prima cosa che può venire a mancare. Senza un piano chiaro, la famiglia rischia di disperdersi e agire in modo disordinato.

Strumenti e strategie

• Lista cartacea di numeri utili

Scrivi su un quaderno o una scheda plastificata i numeri essenziali: familiari, vicini di casa affidabili, medico di fiducia, numeri di emergenza locali. Non affidarti solo al telefono: se si scarica o perde segnale, la memoria scritta resta utilizzabile.

• Contatto esterno

Stabilisci un parente o amico che vive in un'altra città come punto di riferimento. In caso di emergenza locale, potrebbe avere ancora accesso a linee telefoniche o internet funzionanti. Tutti i membri della famiglia devono sapere chi contattare per lasciare messaggi e aggiornamenti.

• Dispositivi alternativi

Se i cellulari non funzionano:

◦ Walkie-talkie a corto raggio per comunicazioni rapide tra membri della famiglia o vicini.

◦ Radio amatoriali o comunitarie, utili per avere informazioni e mantenere contatti in scenari più gravi.

◦ Segnali semplici convenuti in anticipo (ad esempio, lasciare un biglietto in un luogo sicuro o usare un fischietto per richiamare l'attenzione).

La regola d'oro: **definire in anticipo chi chiama chi**. In emergenza, ognuno sa cosa deve fare.

Simulazioni familiari

Un piano d'emergenza resta inefficace se rimane solo scritto su carta. Deve essere provato e interiorizzato da tutta la famiglia, come un addestramento.

Frequenza delle esercitazioni

• Organizza **almeno due simulazioni l'anno**: una in inverno e una in estate, così da testare il piano in condizioni diverse.

Tipologie di scenari da provare

• **Blackout**: vivere per alcune ore senza elettricità, per testare scorte e strumenti.

• **Evacuazione**: prendere lo zaino d'emergenza e raggiungere il punto di ritrovo.

• **Perdita di contatti**: simulare un guasto telefonico e testare i sistemi alternativi di comunicazione.

Coinvolgere i bambini

• Assegna compiti semplici e concreti: portare una torcia, prendere la coperta d'emergenza, ricordare il numero del contatto esterno.

• Spiega con parole rassicuranti il motivo delle esercitazioni: non creare paura, ma responsabilità e sicurezza.

La pratica trasforma il panico in automatismo. In una crisi, chi ha già provato più volte il piano agirà in modo lucido e coordinato.

CHECKLIST PRATICA – PIANO D'EMERGENZA FAMILIARE

Ruoli

- Ogni membro ha un compito definito.
- Responsabile scorte identificato.
- Responsabile comunicazioni identificato.

Punti di ritrovo

- Punto primario vicino a casa.
- Punto secondario fuori quartiere.
- Mappe cartacee disponibili.

Comunicazioni

- Lista cartacea numeri utili.
- Contatto esterno definito.
- Walkie-talkie o radio a disposizione.

Esercitazioni

- Prova del piano almeno 2 volte l'anno.
- Simulazioni di scenari diversi.
- Bambini coinvolti con ruoli semplici.

PARTE IV – LA RESILIENZA COLLETTIVA

Nessuna famiglia, per quanto preparata, può affrontare da sola una crisi prolungata. Le emergenze mettono alla prova non solo i singoli, ma l'intera società. È qui che entra in gioco la **resilienza collettiva**: la capacità di una comunità di reagire, adattarsi e sostenersi reciprocamente.

Un blackout, una pandemia, un collasso economico: tutti questi eventi colpiscono interi quartieri e città. In questi scenari, i **legami di fiducia**, la cooperazione e la condivisione di risorse diventano vitali quanto l'acqua o il cibo.

Questa sezione esplora come costruire reti di vicinato, gruppi di sostegno e forme di collaborazione locale, anche quando il sistema centrale vacilla. L'obiettivo è trasformare la paura in solidarietà, la solitudine in organizzazione, la vulnerabilità in forza collettiva.

La resilienza collettiva non è un'utopia. È una necessità: perché nessuno si salva da solo.

CAPITOLO 17
COMUNITÀ E RETI LOCALI

In una crisi estesa, la differenza non la fanno solo le scorte personali o i kit di sopravvivenza. La vera forza emerge quando le persone si organizzano insieme.

Le grandi città europee, con milioni di abitanti, sono difficili da gestire in emergenza, ma le comunità più piccole – condomini, quartieri, villaggi – possono diventare isole di resilienza.

Il principio è semplice: **da soli siamo vulnerabili, insieme siamo più forti**.

GRUPPI DI MUTUO SOCCORSO

Quando il tessuto sociale si indebolisce e i servizi pubblici non riescono a rispondere ai bisogni, le comunità locali possono diventare la prima linea di resilienza. I **gruppi di mutuo soccorso** sono reti spontanee di cittadini che si uniscono per condividere risorse, tempo e competenze, senza attendere passivamente l'intervento dall'alto.

Come funzionano

- **Condivisione delle risorse**: ogni membro porta ciò che ha a disposizione — che siano beni materiali come cibo, attrezzi, vestiti, o risorse immateriali come tempo e competenze.

- **Gestione collettiva**: le decisioni vengono prese insieme, con assemblee informali o sistemi di voto semplici. La trasparenza rafforza la fiducia e impedisce abusi.

- **Solidarietà reciproca**: chi oggi riceve domani può dare. La logica non è il profitto, ma il sostegno reciproco in un contesto difficile.

- **Organizzazione flessibile**: i gruppi possono variare in grandezza e modalità, dal piccolo condominio che si coordina fino a interi quartieri che stabiliscono piani condivisi.

Vantaggi concreti

- **Maggiore disponibilità di beni**: prodotti scarsi o difficili da trovare possono essere redistribuiti equamente.

- **Supporto emotivo**: affrontare l'incertezza in gruppo riduce stress e paura, rafforzando il morale collettivo.

- **Scambio di competenze**: un vicino infermiere può insegnare manovre di primo soccorso, un elettricista può aiutare a gestire guasti domestici, un cuoco può mostrare tecniche di conservazione degli alimenti.
- **Resilienza collettiva**: la comunità diventa più capace di affrontare crisi prolungate senza dipendere totalmente dalle istituzioni.

Esempi pratici di attività

- Creare una **banca del tempo**, dove le persone scambiano ore di lavoro o competenze invece che denaro.
- Organizzare **cucine comunitarie** per ridurre gli sprechi e garantire pasti a chi non ha scorte.
- Allestire **magazzini condivisi** con beni essenziali a rotazione.
- Stabilire un **sistema di allerta di quartiere**, con messaggi rapidi o segnali concordati per emergenze.

☞ Un gruppo di mutuo soccorso ben organizzato riduce l'isolamento e moltiplica le probabilità di sopravvivere a periodi lunghi di instabilità. In tempi di crisi, la comunità diventa una vera e propria assicurazione collettiva.

SICUREZZA CONDIVISA

La sicurezza non riguarda soltanto le mura domestiche: in uno scenario di crisi, una casa ben protetta può diventare insufficiente se tutto il quartiere attorno è in disordine o sotto minaccia. L'esperienza dimostra che i quartieri e le comunità coese sono molto meno vulnerabili a intrusioni, saccheggi e disordini. Quando i singoli si uniscono, la sicurezza non si basa più sulla forza individuale, ma sulla cooperazione organizzata.

Strategie di sicurezza collettiva

- **Pattuglie di vicinato**

Creare turni di sorveglianza tra i residenti permette di avere sempre occhi e orecchi vigili sul territorio. Non si tratta di affrontare direttamente i malintenzionati, ma di monitorare, avvisare e scoraggiare intrusioni. Anche la semplice presenza visibile può ridurre drasticamente i rischi.

- **Illuminazione comune**

Il buio è un alleato del caos. Condividere sistemi di illuminazione a batterie, torce solari o lampade a dinamo per cortili, strade e spazi comuni trasmette un senso di controllo e sicurezza. Quartieri illuminati attirano meno attenzioni indesiderate e aiutano a muoversi senza rischi.

- **Segnali convenuti**

A volte, il telefono non funziona o le comunicazioni sono difficili. Avere un sistema di segnali semplici e condivisi – fischi, battiti alla porta, torce lampeggianti, codici visivi da finestra – garantisce una comunicazione rapida e comprensibile a tutti i membri della comunità.

- **Supporto ai vulnerabili**

Anziani soli, malati cronici o famiglie isolate devono essere inclusi nei piani di sicurezza. Integrazione significa che non restano indietro in caso di evacuazione, che ricevono supporto nelle scorte e che vengono visitati regolarmente durante le crisi. Un quartiere che protegge i suoi membri più fragili diventa più stabile e solidale.

☞ La sicurezza condivisa non è militarizzazione, ma **controllo sociale positivo**: un sistema in cui le persone collaborano per ridurre i rischi, aumentare la fiducia reciproca e prevenire il caos.

LA FORZA DELLA COOPERAZIONE

Quando il sistema centrale vacilla, le comunità che scelgono di cooperare dimostrano una capacità di resilienza molto superiore rispetto a quelle che si chiudono in sé stesse. La sopravvivenza in scenari di crisi non dipende solo dalle scorte individuali, ma dalla capacità collettiva di mettere in comune risorse, conoscenze e fiducia.

La cooperazione trasforma un insieme di individui isolati in un **sistema sociale funzionale**, capace di affrontare difficoltà che da soli sarebbero insormontabili.

Esempi di cooperazione

• **Scambio di beni**

In un contesto dove il denaro perde valore o diventa temporaneamente inutilizzabile, lo scambio diretto tra persone diventa essenziale. Chi possiede acqua in eccesso può condividerla con chi ha farmaci o competenze mediche; chi dispone di attrezzi può ricevere in cambio cibo conservato. Questo equilibrio riduce le disparità e crea un tessuto di solidarietà.

• **Cucine comunitarie**

Preparare e consumare pasti insieme non è solo un modo per ridurre sprechi ed energie, ma anche un rituale che rafforza i legami sociali. In emergenza, una cucina comunitaria diventa un punto di riferimento, un luogo dove trovare sostegno emotivo oltre che nutrimento.

• **Divisione dei compiti**

Ogni persona possiede competenze utili: il vicino con esperienza medica può occuparsi dei malati, l'elettricista può garantire l'uso sicuro delle apparecchiature, il cuoco può trasformare le scorte in pasti equilibrati. Organizzare queste abilità crea efficienza e riduce lo stress individuale.

La cooperazione non è solo altruismo: è **una vera strategia di sopravvivenza**, capace di trasformare la fragilità di molti in una forza collettiva.

CHECKLIST PRATICA – COMUNITÀ E RETI LOCALI

Gruppi di mutuo soccorso

• Identifica vicini affidabili con cui organizzarti.

• Definisci un sistema di condivisione risorse.

• Stabilisci regole chiare per le decisioni collettive.

Sicurezza condivisa

• Organizza turni di sorveglianza del quartiere.

• Prepara segnali di emergenza convenuti.

• Coinvolgi famiglie vulnerabili nel piano di sicurezza.

Cooperazione

• Pianifica momenti di scambio di beni o competenze.

• Valorizza chi ha conoscenze mediche o tecniche.

• Considera cucine o spazi comunitari di supporto.

CAPITOLO 18
ADATTAMENTO PSICOLOGICO

In qualunque crisi, il primo nemico non è fuori dalla porta, ma dentro di noi: **paura, stress, disorientamento**.

La mente può diventare un'alleata o una trappola. Saper gestire le proprie reazioni emotive è fondamentale per mantenere lucidità e prendere decisioni corrette.

Il vero segreto della resilienza non sta solo nelle scorte di cibo o nei kit di emergenza, ma nella capacità di affrontare l'imprevisto con **calma e disciplina mentale**.

GESTIRE STRESS E PAURA

In situazioni di emergenza, lo stress è una reazione naturale. L'organismo attiva l'istinto primordiale di **"lotta o fuga"**, aumentando battito cardiaco, respirazione e adrenalina. Questa risposta immediata può salvare la vita in un momento critico, ma se non viene regolata può degenerare in panico, decisioni impulsive o blocco totale.

Il segreto non è eliminare la paura, ma **imparare a conviverci**, trasformandola in uno strumento di lucidità.

Tecniche utili

- **Respirazione profonda**

Una tecnica semplice ma efficace. Inspira lentamente dal naso contando fino a 4, trattieni per altri 4 secondi e poi espira con calma dalla bocca. Ripeti per 2-3 minuti. Questa pratica riduce la tensione, rallenta il battito cardiaco e ristabilisce il controllo mentale.

- **Routine quotidiane**

Anche durante una crisi, mantenere un minimo di normalità è fondamentale. Stabilire orari regolari per dormire, mangiare e svolgere piccole attività domestiche aiuta la mente a percepire continuità e stabilità, riducendo il senso di caos.

- **Pensiero razionale**

Scrivere su un quaderno problemi e possibili soluzioni aiuta a "scaricare" la mente e ad affrontare le difficoltà con metodo. Creare una lista di priorità permette di distinguere ciò che è urgente da ciò che può essere rimandato.

· · ·

• Riduzione degli stimoli inutili

In emergenza, troppe notizie contraddittorie alimentano ansia e paura. Limitare l'esposizione a fonti non verificate e concentrarsi solo su informazioni pratiche e affidabili aiuta a mantenere la calma.

Il ruolo della comunità

La gestione dello stress non è solo un fatto individuale. Parlare con altre persone, condividere timori e strategie, sentirsi parte di un gruppo riduce drasticamente il senso di solitudine e insicurezza. Una comunità calma e organizzata è più resiliente di una popolazione presa dal panico.

☞ La paura è inevitabile, ma può diventare una **risorsa di sopravvivenza** se viene canalizzata verso l'azione prudente e organizzata.

MANTENERE LA LUCIDITÀ IN SITUAZIONI CRITICHE

In uno scenario di crisi, il caos esterno rischia di trasformarsi rapidamente in caos interiore. Il pericolo più grande non è solo rappresentato dagli eventi, ma dalle decisioni sbagliate prese in preda alla fretta o al panico. La lucidità diventa quindi un'arma di sopravvivenza tanto importante quanto acqua, cibo o riparo.

Come restare lucidi

• Pianificazione preventiva

La preparazione riduce drasticamente lo stress decisionale. Se esiste già un piano familiare scritto, con checklist e procedure, la mente non deve inventare soluzioni improvvisate. In una crisi, seguire un protocollo noto consente di agire in modo ordinato, quasi automatico.

• Regola delle 3 priorità

Quando tutto sembra urgente, il rischio è perdersi nei dettagli. La regola delle 3 priorità aiuta a orientarsi:

1 Acqua – garantire idratazione per tutti i membri della famiglia.

2 Sicurezza – proteggere casa, persone e risorse.

3 Comunicazioni – stabilire contatti con familiari, vicini e fonti ufficiali.

Solo una volta assicurati questi tre elementi si può passare al resto.

• Decisioni lente

Anche in emergenza, prendersi 10–15 secondi per respirare profondamente e valutare le opzioni può fare la differenza tra un errore e una scelta giusta. Le decisioni impulsive aumentano i rischi; quelle ponderate, anche se rapide, salvano risorse e vite.

• Ruoli familiari chiari

Il panico genera conflitti interni: discussioni su "chi deve fare cosa" fanno perdere tempo prezioso. Definire i ruoli in anticipo – chi gestisce i bambini, chi controlla il kit d'emergenza, chi comunica con i vicini – permette di reagire come un'unica unità organizzata, anziché come individui disorientati.

Un principio fondamentale

La lucidità non significa assenza di paura, ma capacità di **usarla come segnale di allerta** senza lasciarsene dominare. Chi mantiene la mente chiara durante il caos diventa un punto di riferimento per gli altri e aumenta le possibilità di sopravvivenza collettiva.

☞ La calma è contagiosa: in un gruppo, una persona lucida può salvare tutti.

EDUCARE I BAMBINI ALLA RESILIENZA

I bambini hanno un'incredibile capacità di adattamento, ma allo stesso tempo sono estremamente sensibili alle emozioni degli adulti. Se percepiscono paura e disorientamento nei genitori, la loro ansia cresce. Prepararli con delicatezza e gradualità permette di renderli più sicuri e meno vulnerabili agli effetti psicologici di una crisi.

Strategie pratiche

• **Coinvolgerli nei piani familiari**

Anche i più piccoli possono avere un ruolo. Dare loro compiti semplici e proporzionati all'età – come portare una torcia, controllare le pile o ricordare un numero di telefono – li fa sentire utili e responsabili, riducendo il senso di impotenza.

• **Giochi educativi**

La preparazione non deve essere percepita come un peso. Trasformare le simulazioni in una sorta di "missione speciale" o in un gioco di squadra insegna ai bambini procedure importanti senza generare paura. Un esercizio di evacuazione può diventare una gara a chi raggiunge per primo il punto di ritrovo prestabilito.

• **Comunicazione chiara e onesta**

I bambini comprendono molto più di quanto si pensi. È essenziale spiegare loro cosa sta accadendo con parole semplici e adeguate all'età, evitando dettagli drammatici ma senza mentire. La chiarezza riduce l'incertezza, che è spesso più spaventosa della realtà.

• **L'esempio degli adulti**

I bambini imparano osservando. Se un genitore mantiene calma, organizza con metodo e affronta la situazione con atteggiamento positivo, il bambino interiorizza lo stesso comportamento. Al contrario, gesti impulsivi e panico si trasmettono immediatamente.

Perché è importante

Educare i bambini alla resilienza non significa spaventarli con scenari estremi, ma renderli parte della soluzione. Un bambino preparato è più calmo, più collaborativo e meno traumatizzato da ciò che accade attorno a lui.

In emergenza, la resilienza familiare è tanto più solida quanto più anche i più piccoli sanno come contribuire.

CHECKLIST PRATICA – ADATTAMENTO PSICOLOGICO

Gestione dello stress: Tecniche di respirazione apprese. - Routine quotidiane mantenute. - Quaderno per ordinare pensieri e priorità.

Lucidità in emergenza: Piano familiare pronto e condiviso. - Uso della regola delle 3 priorità. - Ruoli assegnati in famiglia.

Bambini e resilienza: Coinvolti nei compiti semplici. - Attività educative a tema emergenza. Comunicazione chiara e rassicurante.

Scheda pratica – Educare i bambini alla resilienza

Fascia 3–6 anni: Piccoli aiutanti

- Portare una **torcia leggera** o una **coperta** durante le esercitazioni.
- Ricordare un **numero di emergenza** con una filastrocca.
- Aiutare a controllare che ci siano **bottigliette d'acqua** nello zaino familiare.
  - 👉 A questa età il gioco è lo strumento principale: rendi ogni simulazione una piccola "avventura".

Fascia 7–10 anni: Esploratori responsabili

- Tenere un **quaderno con numeri e indirizzi**.
- Imparare a usare una **radio a pile** per ascoltare le notizie.
- Collaborare al **riordino dello zaino d'emergenza** (snack, pile, cerotti).
- Conoscere i **punti di ritrovo familiari**.
  - 👉 In questa fase amano sentirsi "grandi": valorizza i loro compiti come ruoli essenziali.

Fascia 11–14 anni: Giovani protettori

- Gestire un **powerbank** e controllare che sia carico.
- Saper leggere una **mappa cartacea** per individuare percorsi alternativi.
- Partecipare a un **mini-corso di primo soccorso** (es. bendaggi, posizione laterale di sicurezza).
- Avere la responsabilità di un **compagno più piccolo** durante esercitazioni o evacuazioni.
  - 👉 Questo li fa sentire parte integrante del gruppo, rafforzando la loro fiducia e autonomia.

CAPITOLO 19
EDUCAZIONE ALLA RESILIENZA NELLE SCUOLE E COMUNITÀ

Le emergenze non colpiscono solo le case: scuole, palestre, biblioteche, centri comunitari diventano spesso i **primi luoghi di rifugio e organizzazione**. Educare alla resilienza in questi spazi significa formare cittadini preparati e responsabili fin da giovani, creando una cultura condivisa della prevenzione.

Un quartiere o un villaggio che ha scuole e comunità resilienti è molto meno vulnerabile, perché può contare su persone capaci di reagire insieme.

RESILIENZA NELLE SCUOLE

Perché è fondamentale

La scuola è il secondo ambiente di vita dopo la casa. In media, bambini e ragazzi trascorrono oltre un terzo della loro giornata tra aule, palestre e cortili scolastici. Questo significa che, in caso di emergenza, potrebbero non trovarsi con la propria famiglia, ma affidati agli insegnanti e ai compagni. In questi momenti, la scuola non è solo un luogo di apprendimento: diventa un rifugio, un punto di raccolta e, soprattutto, una rete primaria di protezione.

Un istituto preparato può salvare vite, mentre un'istituzione impreparata rischia di trasformarsi in un luogo di panico e vulnerabilità.

Come educare alla resilienza scolastica

• Esercitazioni regolari

Non basta una prova di evacuazione annuale fatta di fretta. Servono simulazioni periodiche, realistiche e calibrate sui diversi scenari: incendi, terremoti, blackout, eventi climatici estremi, fino a possibili minacce esterne. Gli studenti devono conoscere procedure chiare, senza confusione.

• Corsi di primo soccorso per studenti più grandi

Gli adolescenti delle scuole superiori possono apprendere tecniche di primo intervento semplici ma decisive: come fermare una piccola emorragia, come posizionare una persona incosciente in posizione di sicurezza, come effettuare una chiamata d'emergenza completa e corretta. Ogni classe potrebbe avere un "referente di primo soccorso" tra gli studenti, affiancato da un insegnante.

• **Educazione civica alla sicurezza**

La resilienza si costruisce anche attraverso la conoscenza. Integrare nelle ore di educazione civica nozioni pratiche su come comportarsi in caso di alluvione, sisma, o minacce alla sicurezza collettiva significa formare cittadini consapevoli e meno vulnerabili. Non teoria astratta, ma istruzioni semplici, illustrate, da memorizzare con esercizi pratici.

• **Coinvolgimento delle famiglie**

Un piano scolastico di emergenza è efficace solo se si coordina con quello familiare. I genitori devono essere informati su protocolli e procedure, in modo che non ci siano contraddizioni tra ciò che i bambini imparano a scuola e ciò che viene detto a casa. Una sinergia tra istituzioni scolastiche e nuclei familiari riduce confusione e ansia, creando una catena di protezione solida.

La scuola non deve essere vista solo come un luogo di insegnamento, ma come un laboratorio di resilienza comunitaria. Preparare gli studenti significa rafforzare l'intera società.

COMUNITÀ RESILIENTI

La resilienza non è solo una questione individuale o familiare: è soprattutto una forza collettiva. In situazioni di crisi, una comunità organizzata e solidale può diventare la differenza tra sopravvivere con dignità o soccombere nel caos. Le città e i paesi europei hanno già a disposizione luoghi e strumenti che, se ben sfruttati, possono trasformarsi in colonne portanti della resilienza sociale.

Spazi di formazione e rifugio

• **Centri civici e palestre**

Strutture ampie, spesso pubbliche, che possono essere adattate come rifugi temporanei o punti di raccolta. Qui si possono distribuire beni essenziali, organizzare cucine comunitarie o garantire assistenza di base.

• **Biblioteche o municipi**

Luoghi di aggregazione culturale che, in tempi di stabilità, possono ospitare corsi di formazione e incontri sulla sicurezza. In emergenza, diventano centri di coordinamento per la comunità.

• **Chiese e parrocchie**

Da secoli rappresentano punti di riferimento durante le crisi. Spesso sono strutture solide, con spazi di accoglienza e una rete di volontari pronti a offrire sostegno morale e materiale.

Iniziative di comunità

• **Gruppi di volontariato locale**

Un piccolo gruppo addestrato in primo soccorso e supporto logistico può fare la differenza nei primi momenti di un disastro, quando le istituzioni non sono ancora operative.

• **Banche del tempo**

Sistemi organizzati in cui i cittadini scambiano ore di lavoro e competenze. Un elettricista può aiutare una famiglia a mettere in sicurezza un impianto, ricevendo in cambio assistenza per i propri genitori o supporto in altre attività.

• **Laboratori pratici**

Attività formative su temi concreti: come allestire un kit di emergenza, come filtrare e conservare l'acqua, come preparare scorte alimentari sicure. Questi laboratori trasformano la conoscenza in competenza reale, utile in caso di emergenza.

Una comunità resiliente è quella che sa organizzarsi, formarsi e sostenersi prima che arrivi la crisi. La vera forza non risiede nell'individuo isolato, ma nella rete di persone che collaborano per proteggersi a vicenda.

CREARE UNA CULTURA DELLA RESILIENZA

La resilienza non nasce dal nulla. Non è un dono innato, ma un comportamento che si costruisce giorno dopo giorno. Per troppo tempo, nelle società europee, la preparazione alle emergenze è stata considerata un tema marginale, riservato alle istituzioni o alle forze di protezione civile. Ma le crisi degli ultimi anni hanno dimostrato che **ogni cittadino deve possedere almeno un livello minimo di consapevolezza e preparazione**.

Coltivare una cultura della resilienza significa trasformare la prevenzione da attività straordinaria a pratica ordinaria. Se scuole, quartieri e comunità integrano la sicurezza nelle attività quotidiane, i cittadini imparano a rispondere con calma e disciplina anziché con panico e disorganizzazione.

Strumenti per diffondere questa cultura

• **Campagne locali di sensibilizzazione**

Volantini, incontri pubblici, spot informativi: strumenti semplici ma efficaci per spiegare cosa fare in caso di emergenza e perché prepararsi non significa vivere nella paura.

• **Eventi annuali di "giornata della sicurezza"**

Una data simbolica in cui scuole, famiglie e comuni organizzano esercitazioni, corsi di primo soccorso e simulazioni di evacuazione. L'obiettivo è normalizzare la preparazione, trasformandola in un evento partecipativo e comunitario.

• **Collaborazioni tra scuole, comuni e associazioni di protezione civile**

Coinvolgere studenti, insegnanti e cittadini in programmi coordinati rafforza i legami sociali e crea un linguaggio comune dell'emergenza. Un bambino che impara a scuola come comportarsi durante un blackout trasmette a casa la stessa consapevolezza.

• **Incentivi per chi partecipa a corsi o iniziative di quartiere**

Piccoli riconoscimenti, sconti sui servizi locali o attestati di partecipazione possono motivare più persone a formarsi.

Educare alla resilienza non è un lusso, ma un investimento sociale: una comunità che sa prevenire, reagire e collaborare è meno fragile, più autonoma e meno dipendente dagli interventi esterni.

CHECKLIST PRATICA - EDUCAZIONE ALLA RESILIENZA COLLETTIVA

Scuole: Esercitazioni regolari di evacuazione. - Corsi base di primo soccorso. - Educazione civica alla sicurezza. - Coinvolgimento delle famiglie.

Comunità: Centri civici pronti come rifugi. - Gruppi di volontari addestrati. - Incontri e laboratori pratici.

Cultura della resilienza: Campagne locali di sensibilizzazione. - Eventi pubblici annuali. - Collaborazioni scuole–comuni–associazioni.

CAPITOLO 20
SOLIDARIETÀ E BARATTO IN TEMPI DI CRISI

Quando il denaro perde valore o i sistemi di pagamento elettronici smettono di funzionare, ciò che resta non sono i conti bancari, ma le **relazioni umane**.

La solidarietà e il baratto diventano strumenti pratici per sopravvivere e rafforzare i legami sociali. Nelle crisi del passato, le comunità che hanno saputo condividere risorse hanno resistito meglio di quelle che si sono chiuse nell'isolamento.

LA LOGICA DEL BARATTO

In tempi di normalità, il denaro è lo strumento universale che regola i nostri scambi. Ma nelle crisi più gravi – blackout prolungati, collassi economici, interruzioni dei sistemi digitali – il denaro può perdere valore o diventare inutilizzabile. È in questi contesti che il baratto torna a essere un meccanismo naturale e funzionale: non uno scambio primitivo, ma una **rete di fiducia e necessità reciproche**.

Il baratto non è solo la cessione di un bene materiale in cambio di un altro, ma il riconoscimento che ciò che possiedi può avere valore per qualcuno e viceversa. Funziona perché si basa sul bisogno reale, non sulla speculazione.

Esempi concreti di scambi possibili:

- **Cibo conservato ↔ farmaci da banco**: chi ha scorte alimentari può scambiarle con chi ha medicinali in più.

- **Acqua potabile ↔ batterie o torce**: in un blackout, l'energia e l'acqua diventano valute parallele.

- **Competenze pratiche (mediche, tecniche, agricole) ↔ beni materiali**: un vicino infermiere può garantire cure di base in cambio di cibo, mentre un elettricista può riparare un generatore in cambio di carburante.

- **Abbigliamento caldo ↔ combustibile o candele**: in inverno, anche vestiti e coperte assumono valore vitale.

Il baratto ha un ulteriore vantaggio: **rafforza i legami comunitari**. A differenza del denaro, che rende impersonale lo scambio, il baratto implica contatto diretto, fiducia e collaborazione. In questo modo non solo si ottengono beni, ma si costruiscono relazioni durature che possono fare la differenza in scenari di lunga crisi.

In emergenza, il baratto è più stabile del denaro: non si svaluta e non dipende dalle banche, ma dal valore reale delle cose e delle competenze.

SOLIDARIETÀ DI VICINATO

Ogni crisi, grande o piccola, porta con sé due reazioni opposte: la diffidenza verso gli altri o la nascita di nuove forme di collaborazione. Nelle città moderne, dove spesso i rapporti di vicinato sono superficiali, un'emergenza può diventare l'occasione per ricostruire un senso di comunità. La solidarietà di quartiere non è solo un gesto morale: è una **vera e propria strategia di sopravvivenza collettiva**.

Condivisione di pasti

Preparare e consumare cibo insieme riduce gli sprechi e ottimizza le risorse. Invece di ogni famiglia che cucina con ciò che ha, un gruppo di vicini può cucinare in modo comunitario, garantendo varietà e distribuzione più equa.

Supporto ai più vulnerabili

Anziani soli, persone con disabilità, famiglie senza risorse immediate: in emergenza, sono i primi a soffrire. Organizzare turni di visita, distribuzione di pasti o semplici controlli di sicurezza permette di non lasciare nessuno indietro.

Banche di quartiere di beni essenziali

Creare piccoli depositi collettivi di cibo, acqua, medicinali e forniture di base, alimentati da ciascun nucleo familiare, garantisce un "paracadute comunitario". In questo modo, se qualcuno rimane senza scorte, può accedere a un minimo vitale senza generare conflitti.

Il valore sociale della solidarietà

La collaborazione non solo migliora le possibilità di sopravvivenza materiale, ma riduce lo stress psicologico. Sapere di non essere soli rafforza la resilienza e la capacità di affrontare con lucidità periodi di instabilità.

La solidarietà non è carità: è **mutuo soccorso**, cioè un patto reciproco in cui ognuno dà e riceve, in base alle proprie possibilità.

RETI LOCALI DI SCAMBIO

In scenari di crisi prolungata, i sistemi economici tradizionali possono vacillare. Supermercati chiusi, bancomat fuori uso, interruzioni nei rifornimenti rendono difficile reperire ciò che serve. In questi contesti, la capacità di un quartiere di **creare reti locali di scambio** diventa un elemento decisivo di resilienza.

Mercati di emergenza

Luoghi sicuri, magari cortili, scuole o centri civici, possono trasformarsi in mercati temporanei dove i residenti barattano beni e servizi. Non si tratta solo di scambiare cibo o acqua: attrezzi, vestiti, medicinali da banco e persino competenze (riparazioni, assistenza sanitaria di base) possono circolare in modo organizzato.

Monete locali temporanee

Per rendere più equo lo scambio, alcune comunità possono creare **buoni cartacei** o sistemi simbolici di credito validi solo all'interno del quartiere. Questo evita squilibri e semplifica il commercio, permettendo di misurare e registrare gli scambi senza bisogno di denaro ufficiale, che potrebbe essere inutilizzabile.

Banche del tempo

Non sempre lo scambio avviene con beni materiali. In molte comunità, le **banche del tempo** permettono di scambiare ore di lavoro o servizi: un'ora di assistenza a un anziano vale quanto un'ora di riparazioni domestiche o di insegnamento. Questo modello non solo copre bisogni pratici, ma valorizza le competenze individuali, spesso sottovalutate.

Benefici della rete locale

Un sistema di scambio ben organizzato riduce la dipendenza dai canali esterni instabili e crea un senso di appartenenza che rafforza la comunità. Inoltre, previene i conflitti: quando esiste un meccanismo chiaro e condiviso per gli scambi, la competizione viene sostituita dalla cooperazione.

Più una comunità è organizzata nello scambio, meno diventa vulnerabile alle crisi esterne.

CHECKLIST PRATICA – SOLIDARIETÀ E BARATTO

Beni utili per il baratto

- Cibo a lunga conservazione.
- Acqua potabile in bottiglia.
- Batterie e torce.
- Farmaci da banco e kit di primo soccorso.
- Strumenti pratici (coltelli multiuso, fiammiferi, powerbank).

Solidarietà di vicinato

- Creare una rete di supporto tra famiglie.
- Organizzare cucine comunitarie.
- Assicurare assistenza agli anziani.

Reti di scambio

- Punti sicuri per mercati di quartiere.
- Buoni locali o sistemi di credito temporanei.
- Gruppi di "banca del tempo".

CAPITOLO 21
MANUALE DI SOPRAVVIVENZA FAMILIARE

Tutto ciò che hai letto finora converge qui: un **manuale pratico e sintetico**, pensato per essere consultato rapidamente anche nei momenti di panico.

Non servono parole complicate: servono **schede chiare, un piano passo per passo e procedure immediate** che ogni membro della famiglia possa ricordare e mettere in atto.

Per questo il libro contiene un vero e proprio **Piano d'Emergenza Familiare**, segnalato già in copertina dal badge:

"Contiene Piano d'Emergenza Familiare".

PIANO FAMILIARE PASSO PER PASSO

Un piano familiare non è un semplice documento, ma un insieme di azioni concrete che ogni membro deve conoscere e saper eseguire. La sua efficacia dipende dalla chiarezza, dalla semplicità e dalla pratica costante.

Step 1 – Preparazione preventiva

La fase preventiva è la più importante, perché determina la capacità della famiglia di reagire con ordine e rapidità.

- **Definizione dei ruoli**

Ogni membro deve sapere esattamente cosa fare in caso di emergenza.

- Un adulto responsabile della sicurezza e delle decisioni.
- Un altro incaricato del kit e delle scorte.
- Un familiare designato al supporto dei bambini o degli anziani.
- Una persona incaricata delle comunicazioni (telefonate, radio, contatti esterni).

- **Kit d'emergenza familiare**

Lo zaino o la borsa d'emergenza deve essere pronto e accessibile. Oltre agli elementi di base (documenti, acqua, torcia, radio, kit medico), includere beni personali indispensabili per ciascun membro: farmaci specifici, alimenti per neonati, strumenti per disabili, copie di chiavi di casa e auto.

- **Scorte minime strategiche**

La regola è "coprire almeno 2 settimane di autonomia":

- **Acqua**: minimo 2 litri a persona al giorno.
- **Cibo**: prodotti a lunga conservazione che non richiedono cottura.
- **Farmaci**: riserva di medicinali cronici e farmaci da banco di base.

La fase preventiva riduce il margine di improvvisazione: più si prepara prima, meno si rischia durante la crisi.

Step 2 – Durante la crisi

Quando l'emergenza si manifesta, è il momento di mettere in pratica ciò che è stato preparato.

- **Le 3 priorità fondamentali**

1 **Acqua**: proteggere le riserve già disponibili, razionarle e individuare eventuali nuove fonti.

2 **Sicurezza**: rinforzare la casa, ridurre gli spostamenti inutili, tenere un profilo basso.

3 **Comunicazioni**: mantenere contatti con familiari e vicini, usare radio o sistemi alternativi.

- **Scelta della strategia: evacuazione o rifugio**

- **Evacuazione**: se la casa non è più sicura (incendi, alluvioni, ordini delle autorità). In questo caso il kit deve essere immediatamente disponibile.

- **Rifugio**: se è più sicuro restare, concentrarsi in una stanza protetta e organizzata, con acqua, cibo e dispositivi di emergenza.

- **Mantenere la calma operativa**

Ogni membro deve attenersi alle procedure già provate. La confusione genera errori: l'allenamento precedente è ciò che consente di reagire senza panico.

Durante la crisi, la disciplina familiare vale più di qualunque strumento esterno.

Step 3 – Dopo la crisi immediata

Superata la fase più critica, inizia il momento della valutazione e della ricostruzione.

- **Verifica della salute**

Controllare ogni membro della famiglia: ferite, sintomi di stress o shock, necessità di cure mediche. Utilizzare il kit medico per le prime cure.

- **Valutazione dei danni**

- Controllare la casa e annotare eventuali danni strutturali.

- Registrare ciò che resta delle scorte alimentari, mediche ed energetiche.

○ Identificare subito le priorità per i giorni successivi.

• **Comunicazione e cooperazione locale**

Collegarsi con i vicini e le reti comunitarie: scambio di beni, informazioni e supporto emotivo. Una comunità attiva accelera il ritorno alla normalità.

Dopo la crisi, la parola chiave è **ricostruzione**: fisica, materiale ed emotiva.

SCHEDE SINTETICHE PER DIVERSI SCENARI

Le schede servono come promemoria immediato: istruzioni brevi, chiare e pratiche da applicare senza esitazioni. Vanno stampate e tenute in un raccoglitore, in borsa o accanto al kit d'emergenza.

Blackout prolungato

• **Illuminazione e energia**: usa torce a LED e lampade solari/dinamo; conserva le candele solo come ultima risorsa.

• **Gestione batterie**: spegni i dispositivi non essenziali, usa i powerbank solo per comunicazioni importanti.

• **Frigorifero e congelatore**: non aprire inutilmente gli sportelli → un frigo chiuso conserva il freddo per circa 4 ore, un congelatore fino a 48.

• **Acqua**: riempi bottiglie e contenitori se la rete idrica funziona ancora.

Obiettivo: conservare energia e risorse fino al ripristino della rete.

Collasso sanitario

• **Kit medico**: usa disinfettanti, farmaci e strumenti di base per gestire piccoli traumi.

• **Monitoraggio malattie croniche**: utilizza glucometro, saturimetro, misuratore di pressione; annota i valori regolarmente.

• **Prevenzione**: riduci i rischi domestici → evita attività pericolose (lavori manuali improvvisati, spostamenti inutili).

• **Igiene**: lava spesso le mani con acqua e sapone o soluzioni alcoliche per prevenire infezioni.

Obiettivo: mantenere la salute in autonomia e ridurre la necessità di cure ospedaliere.

Interruzione trasporti

• **Mezzi alternativi**: usa bicicletta, cammino o scooter elettrici con batterie cariche.

• **Punti di ritrovo**: raggiungi le località stabilite in famiglia o comunità (parchi, piazze, edifici sicuri).

• **Sicurezza personale**: evita stazioni affollate o zone di protesta, pianifica percorsi secondari.

• **Scorte**: porta uno zaino leggero con acqua, snack e kit di primo soccorso.

Obiettivo: muoversi solo se necessario, con percorsi sicuri e indipendenti dai trasporti pubblici.

Crisi alimentare

• **Ordine di consumo**: consuma prima cibi freschi e deperibili (pane, frutta, verdura), poi scatolame e alimenti secchi.

• **Scorte strategiche**: utilizza riso, pasta, legumi secchi, frutta secca, miele e alimenti pronti.

• **Razionamento**: stabilisci quantità giornaliere per ogni membro della famiglia, evitando sprechi.

• **Reti di vicinato**: attiva scambi e baratti per integrare ciò che manca (es. acqua contro cibo, competenze contro beni).

Obiettivo: garantire nutrimento equilibrato e continuo fino al ripristino della logistica.

CHECKLIST PRATICA – MANUALE DI SOPRAVVIVENZA FAMILIARE

Piano passo per passo

• Ruoli chiari per ogni membro.

• Kit d'emergenza pronto.

• Simulazioni pratiche già svolte.

Schede rapide

• Blackout.

• Collasso sanitario.

• Trasporti interrotti.

• Crisi alimentare.

SCHEDE SINTETICHE DI EMERGENZA

Blackout prolungato

- Torce e powerbank pronti.
- Conservare batterie.
- Non aprire frigo/congelatore.
- Radio a batterie o manovella.
- Punto di ritrovo stabilito.

Collasso sanitario

- Kit medico accessibile.
- Farmaci per cronici.
- Controllo parametri vitali domestici.
- Evitare rischi inutili.
- Comunicazione con reti locali.

Trasporti interrotti

- Percorsi alternativi pianificati.
- Mezzi alternativi: bici, a piedi.
- Evitare folle e zone di protesta.
- Punto di ritrovo familiare.
- Kit d'emergenza leggero nello zaino.

Crisi alimentare

- Consumare prima i freschi.
- Integrare con scorte a lunga durata.
- Attivare reti di scambio/baratto.
- Coltivazioni domestiche (orto/balcone).
- Risparmio energetico in cucina.

PARTE V – NUOVE SFIDE DEL FUTURO

Il mondo non si ferma, e nemmeno le crisi. Dopo aver analizzato le minacce già in corso, è necessario guardare oltre l'immediato e capire quali scenari ci attendono. La crisi climatica, le tensioni economiche globali, le migrazioni, le nuove tecnologie e persino la dimensione psicologica e spirituale della resilienza diventeranno sfide inevitabili per l'Europa e i suoi cittadini.

Questa parte offre strumenti per **anticipare i cambiamenti** e non subirli, per trasformare l'incertezza in un percorso di adattamento consapevole. Non basta più reagire: bisogna prepararsi a convivere con un mondo instabile, senza perdere umanità, speranza e capacità di cooperazione.

CAPITOLO 22
CRISI CLIMATICA E CATASTROFI NATURALI

La crisi climatica non è più una minaccia lontana, ma una realtà concreta che l'Europa affronta ogni anno con crescente intensità. Gli eventi estremi che un tempo venivano definiti "eccezionali" stanno diventando la nuova normalità: alluvioni, incendi, ondate di calore e tempeste devastanti mettono a dura prova la resilienza delle comunità, sia urbane che rurali.

La differenza fondamentale rispetto al passato è la frequenza: non si tratta più di episodi isolati, ma di fenomeni ripetuti che mettono sotto stress i sistemi di protezione civile, le infrastrutture e le risorse collettive. Prepararsi alle catastrofi naturali oggi significa non solo reagire nell'immediato, ma anche adattarsi a un contesto in rapido cambiamento.

EVENTI ESTREMI SEMPRE PIÙ FREQUENTI: ALLUVIONI, INCENDI, ONDATE DI CALORE

Il cambiamento climatico non è solo una questione di gradi in più sul termometro: significa **eventi estremi più frequenti, intensi e imprevedibili**. Ciò che un tempo accadeva una volta ogni decennio, oggi si ripete con cadenza annuale o addirittura stagionale, mettendo a dura prova la capacità di risposta delle comunità.

Alluvioni

Le precipitazioni torrenziali, concentrate in poche ore, trasformano strade in fiumi e quartieri in lagune. I fiumi, già sotto pressione a causa dell'urbanizzazione e della cementificazione delle sponde, esondano con facilità.

- Infrastrutture critiche come centrali elettriche, stazioni ferroviarie e ospedali finiscono sott'acqua.
- Case e negozi vengono resi inagibili, costringendo migliaia di persone a evacuare in tempi rapidissimi.
- Il fango e i detriti continuano a generare danni anche dopo il ritiro delle acque, impedendo il ritorno alla normalità per settimane.

L'urbanizzazione ha reso molte città più vulnerabili: i terreni impermeabilizzati non assorbono l'acqua, amplificando gli allagamenti.

Incendi boschivi

Le estati sempre più calde e secche allungano la stagione degli incendi e ne aumentano la potenza distruttiva. Intere foreste possono bruciare in poche ore, alimentate dal vento e dalla siccità.

- Le fiamme minacciano abitazioni rurali e periferiche, mettendo in pericolo famiglie e comunità.
- Il fumo compromette la qualità dell'aria anche a chilometri di distanza, con effetti diretti sulla salute.
- Ecosistemi preziosi vengono distrutti, riducendo la biodiversità e aumentando l'erosione del suolo.

☞ Anche zone che in passato non erano considerate "a rischio incendio" oggi si trovano esposte, perché basta un'estate particolarmente secca per trasformarle in micce pronte ad accendersi.

Ondate di calore

Le temperature record che colpiscono l'Europa hanno effetti letali soprattutto sulle persone più fragili: anziani, bambini piccoli, malati cronici.

- Le città diventano "forni urbani" a causa dell'asfalto e del cemento, che trattengono il calore.
- Gli ospedali registrano picchi di ricoveri per colpi di calore e disidratazione.
- I consumi energetici esplodono per l'uso massiccio di condizionatori, provocando blackout locali.
- Agricoltura e allevamenti subiscono perdite enormi: raccolti bruciati e animali stremati.

☞ Le ondate di calore sono silenziose ma mortali: non provocano distruzioni visibili come incendi o alluvioni, ma lasciano dietro di sé migliaia di vittime.

Tempeste e uragani mediterranei ("medicane")

I "medicane", uragani mediterranei un tempo rari, oggi si presentano con maggiore frequenza e violenza.

- Colpiscono le coste con venti superiori ai 150 km/h, distruggendo porti e flotte di pescherecci.
- Le mareggiate spazzano via strade litoranee, case e attività turistiche.
- I danni economici si moltiplicano: turismo, agricoltura e logistica costiera vengono messi in ginocchio.

☞ Questi eventi dimostrano che il Mediterraneo non è più un'area "sicura" dal punto di vista climatico, ma un nuovo fronte di instabilità naturale.

Il quadro generale

L'impatto climatico non è uniforme:

- il Nord Europa affronta tempeste e piogge torrenziali,
- il Sud combatte siccità, incendi e uragani mediterranei,
- le aree centrali subiscono ondate di calore e alluvioni improvvise.

☞ **Conclusione:** qualunque sia la regione, la frequenza e l'intensità crescente degli eventi estremi rende indispensabile una preparazione attiva e sistematica. Non si tratta più di "se" arriverà la prossima emergenza, ma di "quando" e con quale intensità.

IMPATTO DIRETTO SU CITTÀ E CAMPAGNE EUROPEE

I cambiamenti climatici non colpiscono tutte le aree nello stesso modo, ma nessuna regione europea può dirsi immune. Gli effetti si manifestano con modalità diverse in città, campagne e infrastrutture, creando **onde d'urto che si propagano in tutta la società**.

Nelle città

Le metropoli europee sono i luoghi più vulnerabili per densità di popolazione e infrastrutture concentrate.

• **Effetto isola di calore:** cemento e asfalto trattengono il calore durante il giorno e lo rilasciano di notte. Questo rende le ondate di calore fino a 5-7°C più intense rispetto alle aree rurali circostanti, con gravi rischi per la salute.

• **Allagamenti lampo:** reti fognarie vecchie e sottodimensionate non reggono piogge torrenziali improvvise. Strade e metropolitane si trasformano in canali, paralizzando la mobilità urbana.

• **Blackout estivi:** la domanda energetica esplode per l'uso di condizionatori. Un'interruzione elettrica di poche ore, in piena ondata di calore, può diventare un'emergenza sanitaria, colpendo anziani e malati cronici.

Le città, simbolo di progresso, diventano paradossalmente **trappole climatiche** quando le infrastrutture cedono.

Nelle campagne

Le zone rurali, cuore della produzione alimentare europea, affrontano sfide altrettanto critiche.

• **Siccità:** fiumi e falde acquifere si prosciugano, mettendo in crisi sistemi agricoli dipendenti da irrigazione intensiva.

• **Eventi improvvisi:** grandinate e tempeste possono distruggere raccolti maturi in poche ore, vanificando mesi di lavoro.

• **Incendi agricoli:** oltre ai boschi, anche campi coltivati e pascoli sono sempre più colpiti dal fuoco, conseguente perdita di foraggio per gli allevamenti.

Ogni raccolto perso si traduce in **prezzi più alti nei supermercati**, riduzione delle scorte alimentari e instabilità economica.

Sulle infrastrutture

Le infrastrutture europee, già vecchie in molte aree, non sono progettate per resistere alla frequenza e intensità odierna degli eventi estremi.

• **Strade e ponti:** frane, smottamenti e alluvioni possono rendere inagibili collegamenti vitali, isolando intere comunità.

• **Ferrovie:** allagamenti o ondate di gelo danneggiano binari e sistemi di segnalazione, causando interruzioni prolungate.

• **Porti e aeroporti:** mareggiate e venti forti compromettono la logistica internazionale, con ripercussioni immediate sulle catene di approvvigionamento.

Ogni euro speso per riparare un'infrastruttura danneggiata è un euro sottratto a sanità, istruzione o prevenzione.

Effetto a catena

Un evento climatico estremo non resta mai confinato all'area colpita:

- Una città allagata blocca il commercio regionale.
- Un raccolto distrutto aumenta i prezzi a livello europeo.
- Un ponte crollato ritarda rifornimenti di beni essenziali in altre regioni.

Conclusione: ogni evento climatico è un "moltiplicatore di fragilità". Non colpisce solo i luoghi immediati, ma intacca economia, trasporti e sicurezza sanitaria di intere nazioni.

COME PREPARARSI A UN'EMERGENZA CLIMATICA LOCALE

La resilienza climatica non nasce nel mezzo del disastro: si costruisce con **azioni preventive**, pianificazione e consapevolezza. Prepararsi in anticipo riduce drasticamente i danni materiali e, soprattutto, salva vite umane.

Preparazione domestica

La casa è il primo baluardo di protezione, ma va adeguata ai rischi specifici del territorio.

- **Allagamenti:**
  - Conservare documenti, dispositivi elettronici e beni essenziali in luoghi rialzati o contenitori impermeabili.
  - Tenere a disposizione **sacchi di sabbia, barriere gonfiabili o sistemi anti-risalita fognaria** per proteggere cantine e ingressi.
- **Tempeste e venti forti:**
  - Controllare tetti, antenne e persiane, fissando eventuali elementi instabili.
  - Potare alberi e rimuovere oggetti che potrebbero trasformarsi in proiettili con raffiche intense.
- **Ondate di gelo:**
  - Isolare tubature esterne per evitare rotture.
  - Preparare sistemi alternativi di riscaldamento (stufe a legna, generatori).

Ogni piccola manutenzione preventiva riduce enormemente i costi e i rischi durante l'evento.

Salute e sicurezza

Il corpo umano è fragile di fronte a caldo estremo, fumo e acqua contaminata: la prevenzione è fondamentale.

- **Ondata di calore:**
  - Conservare scorte di acqua potabile e soluzioni reidratanti.
  - Creare **stanze fresche** con tende oscuranti, ventilatori a batteria o generatori solari.

◦ Tenere un elenco delle persone vulnerabili (anziani, malati cronici, bambini piccoli) da controllare quotidianamente.

- **Incendi boschivi:**

◦ Avere mascherine FFP2 o equivalenti per ridurre l'esposizione al fumo.

◦ Preparare panni bagnati da usare come filtro improvvisato in emergenza.

- **Alluvioni:**

◦ Non utilizzare acqua di rubinetto senza averne verificato la potabilità.

◦ Conservare disinfettanti, guanti e stivali impermeabili per ridurre il rischio di infezioni.

Prepararsi significa non solo proteggere i muri della casa, ma anche il corpo e la salute di chi vi abita.

Piani familiari e comunitari

Le emergenze climatiche raramente si affrontano da soli: il supporto familiare e comunitario è essenziale.

- **Evacuazione:**

◦ Stabilire un punto di raccolta familiare fuori casa (vicino ma sicuro).

◦ Identificare un **punto secondario** fuori dal quartiere in caso di evacuazione più ampia.

◦ Preparare uno **zaino d'emergenza climatica**: documenti, acqua, torce, radio, snack, kit medico.

- **Allerta e comunicazioni:**

◦ Salvare in rubrica i numeri della protezione civile e delle autorità locali.

◦ Scaricare app ufficiali di allerta meteo e terremoti, con notifiche in tempo reale.

◦ Creare una catena di messaggi con vicini e familiari per comunicazioni rapide.

- **Simulazioni comunitarie:**

◦ Partecipare a esercitazioni organizzate dal quartiere o dal comune.

◦ Addestrare i bambini con piccoli giochi educativi ("simuliamo un blackout", "proviamo l'evacuazione").

Una comunità che sa come muoversi riduce tempi di reazione e aumenta le probabilità di sopravvivenza collettiva.

Una crisi climatica non si può evitare, ma la sua gravità può essere **mitigata da una preparazione diffusa e disciplinata**. Ogni famiglia pronta diventa un tassello di sicurezza per l'intera comunità.

CHECKLIST PRATICA – CATASTROFI NATURALI

- Tenere sempre a disposizione una radio a batterie o a manovella per ricevere allerte meteo.
- Avere un kit di emergenza con torce, acqua, cibo e medicinali.
- Conoscere i piani di evacuazione comunali e i centri di raccolta.
- Mantenere in casa materiali di pronto intervento (sacchi di sabbia, pale, secchi).

- Monitorare regolarmente lo stato di salute dei più fragili durante ondate di calore.
- Preparare un piccolo zaino d'emergenza per ogni membro della famiglia.
- Fotocopiare e conservare in alto i documenti importanti.

CAPITOLO 23
ECONOMIA INSTABILE E COLLASSO FINANZIARIO

Le crisi economiche non si annunciano con sirene o bollettini di emergenza. Arrivano silenziose, ma i loro effetti sono devastanti: risparmi che svaniscono, prezzi che salgono inarrestabili, famiglie che perdono stabilità da un giorno all'altro.

Il XXI secolo ci ha già mostrato quanto un crollo finanziario possa travolgere interi continenti. Oggi, con un sistema globale sempre più fragile e interconnesso, il rischio è ancora maggiore.

RISCHIO DI CROLLI BANCARI E BLOCCO DEI RISPARMI

La fiducia nel sistema bancario è il pilastro della nostra economia quotidiana: stipendio, bollette, risparmi e mutui passano tutti attraverso le banche. Ma la storia dimostra che questo pilastro può incrinarsi improvvisamente.

• **Fallimenti bancari:**

Non esistono istituti "troppo grandi per fallire". Le crisi del 2008 hanno mostrato come banche solide possano trovarsi improvvisamente sull'orlo del collasso a causa di speculazioni, insolvenze o crisi internazionali. In un contesto di instabilità geopolitica, il rischio cresce.

• **Conti congelati:**

In scenari di emergenza finanziaria, governi e banche centrali possono adottare misure straordinarie: limiti ai prelievi, controlli sui capitali, sospensione temporanea dei movimenti di denaro. Queste decisioni vengono prese per "salvare il sistema", ma a pagarne le conseguenze immediate sono i cittadini comuni, che non riescono ad accedere ai propri risparmi.

• **Bank run (corsa agli sportelli):**

Quando migliaia di correntisti, spinti dal panico, cercano di ritirare contemporaneamente i propri soldi, il sistema bancario si blocca. Gli sportelli chiudono, i bancomat restano vuoti, e la moneta elettronica diventa improvvisamente inutile.

Messaggio chiave: Non basta "avere i soldi in banca". Una vera resilienza finanziaria richiede diversificazione, disponibilità immediata di contanti e la consapevolezza che il denaro digitale non è sempre garantito.

COME DIFENDERE I PROPRI BENI IN TEMPI DI INFLAZIONE ESTREMA

L'inflazione non è solo un termine economico: significa che ogni giorno il tuo denaro perde valore. In situazioni estreme – guerre, crisi energetiche, instabilità politica – i prezzi possono raddoppiare in poche settimane, rendendo difficoltoso persino acquistare beni primari. Prepararsi vuol dire proteggere i risparmi con strategie concrete.

• **Diversificare i risparmi:**

Non concentrare tutto in un conto bancario. Piccole riserve in contanti, beni fisici o valute alternative riducono il rischio di restare bloccati in caso di controlli o blocchi bancari.

• **Investire in beni reali:**

Oro, argento e metalli preziosi hanno storicamente mantenuto il loro valore nei momenti di crisi. Anche strumenti più pratici, come terreni agricoli o immobili, possono rappresentare una garanzia contro l'erosione del denaro.

• **Scorte domestiche intelligenti:**

Conservare cibo, acqua e beni di prima necessità equivale a proteggere il proprio potere d'acquisto. In tempi di inflazione estrema, un pacco di riso o una tanica di benzina possono valere più del denaro stesso.

• **Ridurre i debiti variabili:**

Mutui e prestiti a tasso variabile diventano insostenibili in tempi di inflazione elevata. Consolidare i debiti o trasformarli in rate fisse è una forma di protezione economica.

• **Valute forti o alternative:**

In alcuni casi, avere accesso a valute più stabili (come dollaro o franco svizzero) o a strumenti digitali decentralizzati può ridurre i rischi di svalutazione, pur con tutte le cautele necessarie.

Messaggio chiave: Difendere i propri beni in tempi di inflazione estrema non significa "arricchirsi", ma preservare la stabilità familiare, riducendo l'impato del rialzo dei prezzi sulla vita quotidiana.

VALUTE DIGITALI E RISCHIO DI CONTROLLO TOTALE

Negli ultimi anni, sempre più governi e banche centrali stanno studiando o introducendo **valute digitali ufficiali** (CBDC – Central Bank Digital Currency). L'idea nasce per modernizzare i pagamenti, ridurre l'uso del contante e garantire maggiore tracciabilità delle transazioni. Ma insieme ai vantaggi, emergono rischi significativi.

Vantaggi dichiarati:

• Pagamenti più rapidi e sicuri.

• Lotta all'evasione e al riciclaggio.

• Maggiore inclusione finanziaria per chi non ha accesso ai servizi bancari tradizionali.

I rischi nascosti:

• **Controllo totale sui pagamenti:** ogni transazione diventa tracciabile in tempo reale. La privacy finanziaria rischia di scomparire.

• **Possibilità di restrizioni mirate:** in scenari di crisi, un governo potrebbe limitare spese su determinati beni o congelare fondi a singoli cittadini.

- **Denaro programmabile:** una valuta digitale potrebbe essere impostata con scadenze (es. spendibile entro una certa data) o con limiti geografici (valida solo in una determinata area).
- **Dipendenza tecnologica:** senza internet o corrente, diventa impossibile accedere al proprio denaro.

Scenari possibili:

- In caso di proteste o instabilità sociale, le autorità potrebbero **bloccare i fondi** dei manifestanti.
- Durante crisi economiche, il denaro digitale potrebbe essere usato per **forzare comportamenti** (es. spendere solo in beni di prima necessità).
- Una cyber-crisi potrebbe paralizzare interi sistemi di pagamento, lasciando milioni di cittadini senza accesso al denaro.

Conclusione: le valute digitali possono portare efficienza, ma rischiano di trasformare il denaro in uno strumento di sorveglianza. Mantenere **forme alternative di risparmio** (contanti, beni reali, valute estere) è essenziale per garantire libertà e autonomia economica.

CHECKLIST PRATICA – RESILIENZA ECONOMICA FAMILIARE

- Mantieni una **riserva di contanti** in casa (almeno per 1–2 settimane).
- Diversifica i risparmi: **non solo banche, ma anche beni reali**.
- Conserva **scorte alimentari e materiali di base** per ridurre spese impreviste.
- Valuta piccoli investimenti in **valori rifugio** (metalli preziosi, beni durevoli).
- Stabilisci rapporti di fiducia con reti locali di scambio o baratto.
- Monitora le evoluzioni sulle **valute digitali** e prepara strategie alternative.

Un'economia instabile non può essere controllata dal singolo, ma il singolo può proteggere la propria famiglia con scelte preventive.

CAPITOLO 24
MOBILITÀ INTERNAZIONALE E CONFINI FRAGILI

Le mappe politiche che conosciamo non sono statiche: i confini cambiano, i flussi migratori si spostano, le tensioni globali si riflettono sull'Europa. Viviamo in un continente che si trova geograficamente al crocevia di Africa, Asia e Medio Oriente: ciò significa che ogni crisi globale si traduce inevitabilmente in nuove pressioni migratorie e sfide sociali.

MIGRAZIONI FORZATE: QUANDO LE CRISI SPINGONO MILIONI DI PERSONE VERSO L'EUROPA

Le migrazioni non sono un fenomeno nuovo, ma la loro **scala, frequenza e intensità** stanno crescendo come mai prima d'ora. Non si tratta più di spostamenti circoscritti, ma di flussi di massa che possono ridefinire intere società europee.

- **Conflitti armati**

Guerre regionali, guerre civili e instabilità politica in Medio Oriente, Africa e Asia continuano a spingere milioni di persone a lasciare le proprie case. Ogni volta che un fronte si accende, migliaia di famiglie si mettono in cammino, spesso senza nulla, cercando rifugio in Europa come ultima speranza di sopravvivenza.

- **Crisi climatiche**

Il cambiamento climatico sta trasformando vaste aree del pianeta in zone inabitabili. La desertificazione spinge via intere comunità agricole, la scarsità d'acqua genera conflitti locali e carestie, mentre l'innalzamento del livello del mare minaccia di sommergere città costiere. I cosiddetti **"rifugiati climatici"** sono destinati a diventare una realtà sempre più visibile sulle rotte verso l'Europa.

- **Crollo economico**

La povertà estrema, la disoccupazione e la mancanza di prospettive nei paesi d'origine alimentano il desiderio di partire. Per molti, il viaggio è rischioso e costoso, ma viene comunque affrontato perché rimanere significherebbe condannarsi a un futuro senza speranza.

La pressione migratoria non è un'emergenza passeggera: è una **costante del futuro europeo**, che richiederà non solo politiche istituzionali di accoglienza e sicurezza, ma anche una nuova capacità di adattamento delle comunità locali.

NUOVE TENSIONI SOCIALI E CULTURALI

L'arrivo massiccio di migranti può generare nuove opportunità, ma anche forti tensioni se non gestito in modo equilibrato.

• **Concorrenza percepita**: i cittadini locali possono temere la perdita di posti di lavoro, l'aumento dei costi abitativi o la riduzione dei servizi sociali.

• **Shock culturale**: lingue, religioni e tradizioni differenti possono generare incomprensioni e conflitti.

• **Strumentalizzazione politica**: partiti e movimenti estremisti sfruttano la questione migratoria per dividere le comunità e alimentare l'odio.

La sfida è trasformare i flussi migratori in risorsa, evitando che diventino detonatori di conflitti interni.

PREPARARSI A UN MONDO CON CONFINI MENO STABILI

I confini nazionali, per quanto sorvegliati e regolati, **non sono barriere invalicabili**. La storia recente lo dimostra: guerre, crisi economiche e disastri climatici hanno spinto milioni di persone a muoversi, cambiando in modo irreversibile gli equilibri demografici e sociali. In un mondo globalizzato e instabile, la mobilità umana non è un'eccezione, ma una costante che va gestita con realismo e lungimiranza.

• **Comunità locali resilienti**

Un quartiere o un piccolo comune preparato ad affrontare nuovi arrivi è meno vulnerabile alle tensioni sociali. Questo significa pianificare spazi abitativi temporanei, garantire accesso a servizi essenziali e costruire percorsi di integrazione graduale. Dove le comunità si organizzano, l'arrivo di migranti non genera caos, ma può trasformarsi in una risorsa di rinnovamento sociale.

• **Solidarietà organizzata**

Le emergenze migratorie non possono essere affrontate solo dallo Stato centrale. Reti di volontariato, associazioni locali, parrocchie e gruppi civici possono offrire un supporto immediato e flessibile: dall'insegnamento della lingua, all'orientamento burocratico, fino alla distribuzione di beni essenziali. Una solidarietà organizzata riduce il rischio che le comunità si percepiscano "abbandonate" e permette di mantenere equilibrio sociale.

• **Preparazione individuale**

Anche i cittadini singoli hanno un ruolo cruciale. Prepararsi significa imparare a convivere con una società più mista e multiculturale, sviluppare strumenti di dialogo e capacità di comprensione reciproca. Non si tratta di rinunciare alla propria identità, ma di saperla vivere senza paura, consapevoli che il mondo futuro sarà inevitabilmente interconnesso.

Ignorare la mobilità internazionale non la fermerà. Prepararsi significa **accettarla come parte integrante del futuro**, imparando a gestirla con disciplina e responsabilità, invece di subirla con paura e conflitti.

CHECKLIST PRATICA - PREPARAZIONE AI FLUSSI MIGRATORI

• **Informati**: segui canali ufficiali per capire l'andamento dei flussi migratori e le misure locali.

• **Partecipa**: unisciti a iniziative locali di supporto, conoscenza e mediazione culturale.

• **Riduci conflitti**: evita di cadere nelle trappole della propaganda e cerca dialogo con nuove comunità.

• **Prepara la famiglia**: spiega ai bambini cosa significa vivere in una società più diversificata.

• **Coltiva competenze**: lingue straniere, mediazione culturale, capacità di cooperazione: strumenti utili in un mondo in trasformazione.

☞ Prepararsi ai flussi migratori significa non farsi sorprendere dai cambiamenti, ma imparare a viverli come parte di una nuova normalità.

CAPITOLO 25
PSICOLOGIA DEL LUNGO TERMINE

Le emergenze brevi generano paura intensa ma limitata nel tempo. Le crisi prolungate, invece, logorano lentamente la mente e il corpo. Vivere mesi o anni in condizioni di incertezza, scarsità e instabilità può avere un impatto devastante sulla salute mentale, più ancora delle difficoltà materiali. Per questo, oltre a cibo e acqua, è fondamentale costruire riserve di resilienza psicologica.

L'IMPATTO DELLE CRISI PROLUNGATE SULLA SALUTE MENTALE

Non tutte le crisi finiscono in poche settimane. Alcune si trascinano per mesi o addirittura anni, diventando parte integrante della quotidianità. Guerre a bassa intensità, collassi economici che non trovano rapida soluzione, epidemie croniche che tornano a ondate, catastrofi climatiche sempre più frequenti: queste condizioni generano una pressione costante, che non lascia spazio alla piena ripresa psicologica.

Gli effetti principali sulla salute mentale includono:

- **Stress cronico**

Vivere in uno stato di allerta continuo erode le risorse interiori. L'organismo rimane bloccato nella modalità "sopravvivenza": il sonno diventa disturbato, la mente fatica a concentrarsi, aumenta la vulnerabilità ad ansia e irritabilità. Anche decisioni semplici possono sembrare montagne insormontabili.

- **Depressione e apatia**

Quando la crisi appare senza fine, subentra un senso di impotenza che spegne la motivazione. Le persone possono smettere di fare progetti, di cercare soluzioni, di immaginare il futuro. L'apatia diventa un nemico silenzioso, perché riduce la capacità di reagire proprio quando servirebbe di più.

- **Conflitti familiari**

La convivenza forzata in spazi ridotti, combinata con la scarsità di risorse, accende tensioni quotidiane. Piccoli problemi domestici si trasformano in litigi frequenti, minando la coesione familiare. In situazioni di crisi prolungata, il nucleo familiare può diventare sia rifugio sia campo di battaglia.

• **Isolamento sociale**

La paura del contagio, la diffidenza verso gli altri o semplicemente la stanchezza portano a ridurre i contatti sociali. L'isolamento, inizialmente vissuto come forma di protezione, si trasforma in solitudine, che a sua volta peggiora il senso di impotenza e fragilità.

La resilienza mentale non è un lusso, ma una risorsa vitale tanto quanto l'acqua e il cibo. Senza di essa, anche le migliori scorte materiali rischiano di essere inutili, perché è la mente che guida ogni scelta e ogni atto di sopravvivenza.

COME MANTENERE SPERANZA E MOTIVAZIONE

La speranza non nasce spontaneamente in tempi di crisi prolungata: è un seme che va coltivato con cura, giorno dopo giorno. Quando la normalità sembra lontana e il futuro incerto, la mente rischia di scivolare nel pessimismo. Ma esistono strategie concrete per mantenere viva la motivazione e proteggere la propria resilienza interiore.

• **Stabilire obiettivi piccoli e raggiungibili**

La grandezza delle crisi può sembrare paralizzante. Per questo è fondamentale spezzarla in azioni minime ma significative. Curare un orto domestico, riordinare una stanza, completare un progetto quotidiano – ogni obiettivo raggiunto restituisce la sensazione di avere ancora controllo sulla propria vita.

• **Coltivare gratitudine**

Anche nei momenti più difficili esistono dettagli positivi che meritano di essere riconosciuti: un pasto condiviso, una parola gentile, un piccolo progresso. Annotare ogni giorno almeno una cosa positiva aiuta la mente a non concentrarsi solo sulle perdite, ma anche sulle risorse che rimangono.

• **Coltivare fede e valori**

Religione, spiritualità o principi etici possono diventare ancore di stabilità. Sapere di agire secondo valori più grandi di sé stessi – come la solidarietà, la dignità o la giustizia – fornisce un significato anche nei momenti di sofferenza. Questo senso di scopo è ciò che permette di andare avanti.

• **Condividere storie e successi**

Raccontare le difficoltà superate in passato e ascoltare quelle degli altri rafforza la motivazione collettiva. Una comunità che condivide storie di resilienza diventa più forte, perché dimostra che sopravvivere non è solo possibile, ma già accaduto.

La speranza è un "bene rinnovabile": cresce se viene alimentata ogni giorno, con piccoli gesti, parole e azioni che ricordano a sé stessi e agli altri che il futuro esiste e può ancora essere costruito.

COSTRUIRE ROUTINE SANE ANCHE IN SCENARI INSTABILIIL

Il caos esterno non deve necessariamente trasformarsi in caos interiore. Una delle chiavi per preservare la salute mentale a lungo termine è mantenere abitudini regolari: le routine non eliminano le difficoltà, ma danno alla mente e al corpo un senso di continuità e stabilità. Creano un'"ancora" psicologica che permette di distinguere il tempo del vivere dal tempo del sopravvivere.

• **Routine del sonno**

Dormire bene è uno dei pilastri della resilienza. Anche senza elettricità, è utile sincronizzarsi con i ritmi naturali: alzarsi e coricarsi seguendo la luce del sole, riducendo le fonti di stress serali. Un sonno regolare sostiene il sistema immunitario e la capacità decisionale.

• **Alimentazione equilibrata**

Anche in condizioni di scorte ridotte, è importante variare i pasti. Alternare cereali, legumi, frutta secca e verdure coltivate localmente previene carenze nutrizionali e mantiene alta l'energia. La varietà, inoltre, rende i pasti momenti meno monotoni e più gratificanti.

• **Attività fisica**

Restare fermi e inattivi amplifica ansia e stanchezza. Bastano pochi minuti al giorno di esercizi semplici – flessioni, addominali, stretching o camminate brevi – per mantenere il corpo tonico e la mente ossigenata. L'attività fisica riduce lo stress e migliora l'umore.

• **Tempo di qualità**

In uno scenario instabile, la qualità delle relazioni conta più della quantità. Ritagliarsi momenti fissi per leggere, raccontare storie, cantare o giocare con i bambini rafforza i legami familiari e riduce la sensazione di isolamento. La socialità diventa un vero "nutrimento emotivo".

• **Disconnessione dallo stress**

Non è necessario restare costantemente collegati alle notizie: un'esposizione eccessiva a informazioni allarmistiche alimenta ansia e paura. Meglio fissare momenti specifici per aggiornarsi da fonti affidabili, evitando discussioni tossiche o l'assorbimento passivo di notizie negative.

Le routine trasformano l'instabilità in una nuova normalità gestibile. Non eliminano i problemi, ma creano ordine nel disordine, offrendo a ogni persona e famiglia una base solida da cui ripartire.

CHECKLIST PRATICA – SALUTE MENTALE DI LUNGA DURATA

✓ Diario personale o quaderno per annotare pensieri e obiettivi. - ✓ Un libro motivazionale o spirituale di riferimento. - ✓ Attività creative semplici: carta, colori, strumenti musicali.

✓ Kit di giochi da tavolo o carte per intrattenimento familiare.

✓ Tecniche di respirazione e rilassamento annotate e facilmente consultabili.

✓ Una rete minima di contatti fidati (vicini, parenti, amici).

✓ Una "scatola della resilienza" con piccoli oggetti che danno conforto (foto, lettere, simboli).

Sopravvivere non significa solo mantenersi in vita: significa preservare la mente, perché senza lucidità e motivazione anche le migliori scorte diventano inutili.

CAPITOLO 26
TECNOLOGIE EMERGENTI: RISCHIO O OPPORTUNITÀ?

Le tecnologie di nuova generazione stanno cambiando profondamente il modo in cui viviamo, lavoriamo e ci difendiamo. Ma ogni innovazione porta con sé un duplice volto: può diventare uno strumento di resilienza o una minaccia se utilizzata in modo ostile o incontrollato.

INTELLIGENZA ARTIFICIALE E AUTOMAZIONE: VULNERABILITÀ DIGITALI

L'intelligenza artificiale (IA) e l'automazione sono ormai parte integrante della nostra vita quotidiana: dagli assistenti vocali che rispondono alle nostre domande fino agli algoritmi che gestiscono i flussi finanziari o regolano i semafori cittadini. Tuttavia, questi strumenti non sono privi di rischi: ogni innovazione apre anche nuove superfici di vulnerabilità.

- **Algoritmi manipolati**

L'IA "impara" dai dati che riceve. Se questi dati sono incompleti, falsificati o volutamente distorti, i sistemi possono prendere decisioni sbagliate. Questo fenomeno, chiamato *data poisoning*, può portare a errori nella diagnosi medica, nella gestione del traffico o nelle decisioni finanziarie. Un algoritmo manipolato diventa quindi un'arma invisibile nelle mani di chi lo controlla.

- **Automazione critica**

Molti settori vitali – centrali elettriche, ospedali, aeroporti, logistica – dipendono da processi automatizzati che operano senza intervento umano costante. Se un cyberattacco colpisce questi sistemi, le conseguenze possono essere devastanti: blackout a catena, interruzione delle cure mediche, blocchi nei trasporti. La velocità con cui un sistema automatizzato amplifica un guasto rende queste crisi particolarmente difficili da contenere.

- **Sorveglianza predittiva**

L'IA viene sempre più usata per analizzare i comportamenti delle persone e prevedere possibili azioni future. Se applicata con eccesso di zelo, questa tecnologia può trasformarsi in uno strumento di controllo sociale: monitoraggio costante dei cittadini, limitazioni della libertà di movimento, penalizzazioni preventive. In scenari di instabilità politica, la sorveglianza predittiva rischia di diventare una "prigione digitale".

L'IA non è buona o cattiva in sé: è uno strumento. La differenza la fanno **le mani che la programmano** e le

regole che ne guidano l'uso. Una società resiliente non rifiuta la tecnologia, ma impara a riconoscerne i rischi e a proteggersi dai suoi abusi.

DRONI E SORVEGLIANZA DI MASSA

I droni, un tempo strumenti esclusivi delle forze armate, oggi sono accessibili a governi, aziende e privati cittadini. La loro diffusione li rende una tecnologia versatile, ma anche ambivalente: possono essere impiegati per scopi di sicurezza e soccorso, oppure come strumenti di controllo e persino di attacco.

• **Sorveglianza capillare**

Grazie a telecamere ad alta definizione, sensori termici e sistemi di tracciamento, i droni possono monitorare intere aree urbane o rurali in tempo reale. La loro capacità di volare silenziosamente e a bassa quota li rende difficili da individuare, trasformandoli in occhi elettronici sempre presenti. Questo permette un controllo capillare delle folle, dei confini e persino delle abitazioni private.

• **Uso ostile**

Anche i droni commerciali, facilmente reperibili online, possono essere modificati per scopi malevoli: trasportare piccoli ordigni, rilasciare sostanze pericolose o interferire con infrastrutture critiche come aeroporti e centrali elettriche. La loro accessibilità li rende una minaccia asimmetrica: con un investimento minimo, chiunque può creare disturbo o danni significativi.

• **Impatto psicologico**

Oltre al rischio fisico, i droni esercitano un forte impatto sulla psiche collettiva. La percezione di essere costantemente osservati genera ansia, diffidenza e una riduzione della sensazione di libertà personale. In scenari di crisi o di disordini sociali, la loro presenza costante può alimentare un clima di sospetto e tensione permanente.

I droni sono un esempio lampante di come la linea tra **protezione e controllo** sia sempre più sottile. Possono salvare vite durante un terremoto o un'alluvione, ma possono anche diventare strumenti di sorveglianza oppressiva o di aggressione non convenzionale. La sfida del futuro sarà trovare un equilibrio tra sicurezza e libertà individuale.

COME LA TECNOLOGIA PUÒ AIUTARE O METTERE IN PERICOLO I CIVILI

Le stesse tecnologie che oggi facilitano la vita quotidiana possono diventare strumenti di salvezza o di minaccia, a seconda di come vengono usate e dal contesto in cui si trovano. La differenza non sta solo nell'innovazione in sé, ma nel grado di dipendenza che sviluppiamo nei suoi confronti.

• **Opportunità**

◦ **App di allerta rapida**: applicazioni connesse ai sistemi sismici o meteorologici possono inviare notifiche immediate in caso di terremoti, alluvioni o ondate di calore estremo, dando preziosi secondi o minuti di vantaggio per mettersi al sicuro.

◦ **Mappe digitali interattive**: strumenti online o offline permettono di pianificare evacuazioni, individuare vie alternative e segnalare aree di pericolo in tempo reale.

◦ **Sensori ambientali**: dispositivi sempre più diffusi monitorano la qualità dell'aria, la presenza di gas tossici o il rischio di incendi, fornendo dati cruciali per proteggere la salute pubblica.

• **Rischi**

◦ **Pagamenti solo digitali**: in uno scenario di blackout o cyberattacco, sistemi come bancomat, carte e app bancarie diventano inutilizzabili, bloccando l'accesso immediato ai beni essenziali.

- **Sorveglianza invasiva**: telecamere, algoritmi e tracciamenti digitali possono oltrepassare la soglia della sicurezza, trasformandosi in strumenti di controllo sociale che minano la privacy dei cittadini.
- **Dipendenza dalle reti digitali**: se tutto è connesso – dall'elettricità al riscaldamento, dal cibo ai trasporti – un singolo guasto o sabotaggio informatico può generare un effetto domino, paralizzando intere comunità.

La chiave è l'**uso equilibrato**: adottare la tecnologia come supporto prezioso alla resilienza, ma senza mai diventarne prigionieri. Prepararsi significa anche avere alternative manuali e analogiche, per non restare impotenti se i sistemi digitali smettono di funzionare.

CHECKLIST PRATICA – USO SICURO DELLE TECNOLOGIE IN CRISI

- Mantieni **copie cartacee** di documenti e numeri importanti.
- Tieni sempre un **telefono di riserva** o un vecchio modello con batteria a lunga durata.
- Usa **powerbank solari o a dinamo** per garantire autonomia ai dispositivi.
- Scarica **app offline** (mappe, manuali di primo soccorso, traduttori).
- Non affidarti a un solo sistema: combina digitale e analogico.

Le tecnologie emergenti sono strumenti: spetta a noi decidere se saranno alleate o nuove catene.

CAPITOLO 27
SOPRAVVIVERE FUORI CITTÀ

VANTAGGI E SVANTAGGI DELLE AREE RURALI

Le campagne e le zone meno popolate vengono spesso viste come rifugi naturali in tempi di crisi, un ritorno alla semplicità e a un contatto diretto con le risorse essenziali. Tuttavia, come ogni scelta strategica, vivere fuori città comporta punti di forza ma anche rischi significativi.

Vantaggi:

- **Minore rischio di rivolte e disordini sociali:** le grandi città sono epicentri di proteste, saccheggi e tensioni. In un piccolo paese o in zone isolate la probabilità di trovarsi al centro di conflitti urbani è molto più bassa.

- **Accesso diretto a risorse naturali:** un terreno agricolo, un pozzo, un bosco vicino o un fiume diventano risorse preziose che riducono la dipendenza da reti esterne fragili. In campagna è più facile coltivare orti, allevare piccoli animali e raccogliere legna da ardere.

- **Comunità ridotte e più coese:** nei contesti rurali i legami di vicinato sono più stretti e la cooperazione diventa spontanea. La fiducia reciproca e l'aiuto tra famiglie favoriscono la resilienza collettiva.

Svantaggi:

- **Servizi sanitari limitati:** in molte aree rurali gli ospedali distano decine di chilometri, le ambulanze arrivano in ritardo e i medici sono pochi. Questo rende più complessa la gestione delle emergenze sanitarie.

- **Infrastrutture fragili:** le connessioni internet sono spesso lente o intermittenti, le linee elettriche più esposte a guasti, e i sistemi idrici meno sicuri in caso di blackout.

- **Isolamento logistico:** una strada bloccata da una frana o una nevicata può isolare interi paesi per giorni. Se manca carburante, i rifornimenti diventano difficili, limitando gli spostamenti e gli approvvigionamenti.

Sopravvivere fuori città significa trovare un equilibrio: sfruttare i vantaggi di una maggiore autonomia, senza sottovalutare la vulnerabilità che deriva dall'isolamento. La chiave è prepararsi con scorte, strumenti e reti di supporto, così da non trasformare il rifugio rurale in una trappola.

COME ORGANIZZARE UN RIFUGIO LONTANO DAI CENTRI URBANI

Un rifugio rurale non deve trasformarsi in una "fortezza assediata", ma in una seconda casa funzionale, capace di garantire autonomia e sicurezza in caso di crisi prolungate. L'obiettivo non è isolarsi dal mondo, ma disporre di un punto di appoggio che offra stabilità quando la vita in città diventa insostenibile.

Elementi chiave per un rifugio efficace:

• **Struttura:**

Scegli edifici solidi, costruiti in pietra o cemento, con tetto resistente alle intemperie e possibilità di isolamento termico. La presenza di un camino o di una stufa a legna è essenziale per affrontare inverni rigidi senza dipendere dall'elettricità. Se possibile, integra spazi di stoccaggio sicuri per scorte e attrezzi.

• **Acqua – priorità assoluta:**

Un rifugio senza acqua non è un rifugio. La scelta deve privilegiare la presenza di un pozzo, di una cisterna capiente o di un ruscello facilmente accessibile. È utile dotarsi di sistemi di filtraggio e potabilizzazione (meccanici o a pastiglie) per garantire acqua sicura in ogni circostanza.

• **Energia:**

Puntare alla diversificazione: piccoli pannelli solari con batterie di accumulo per alimentare luci e dispositivi di base, generatori a benzina o diesel come riserva, e sistemi a biomassa per il riscaldamento. Non serve puntare all'autosufficienza totale, ma avere più soluzioni riduce la vulnerabilità.

• **Scorte:**

Un rifugio ben organizzato deve contenere alimenti a lunga conservazione (legumi secchi, pasta, riso, scatolame, miele) e attrezzature per cucinarli. L'ideale è affiancare queste scorte a un piccolo orto domestico e, se lo spazio lo consente, a un micro-allevamento (galline, conigli) per avere proteine fresche.

• **Accessibilità:**

Il rifugio deve essere raggiungibile in tempi rapidi da più direzioni. Le strade principali vanno evitate, perché possono diventare punti di blocco. Meglio valutare vie secondarie, percorsi boschivi o strade sterrate meno frequentate. Se possibile, prevedere un'alternativa praticabile anche a piedi o in bicicletta.

Un rifugio rurale non è solo una "via di fuga": è un investimento nella resilienza familiare. Pensarlo come una seconda casa autonoma permette di affrontare crisi energetiche, sociali o climatiche senza dipendere interamente dai fragili sistemi urbani.

TRASFERIRSI TEMPORANEAMENTE IN CAMPAGNA

Non sempre una crisi richiede l'abbandono definitivo della città: a volte la soluzione più sensata è un trasferimento temporaneo in zone rurali. Questa scelta può fare la differenza tra affrontare la crisi in condizioni dignitose o subirne i peggiori effetti. La chiave è distinguere tra diversi scenari temporali e preparare piani adatti a ciascuno.

Fasi di trasferimento possibili:

• **Crisi breve (giorni o settimane):**

In caso di blackout prolungato, rivolte urbane o interruzioni temporanee dei trasporti, una casa di parenti o amici in campagna può offrire protezione immediata. In questi casi bastano scorte minime, documenti essenziali e un piano rapido di spostamento già provato in anticipo.

• **Crisi di medio periodo (mesi):**

Qui serve più organizzazione. Diventano importanti le **scorte di carburante** per gli spostamenti, gli **accordi di mutuo aiuto con i vicini rurali** e la possibilità di **gestire il lavoro o l'istruzione a distanza**. La campagna non è isolamento totale: bisogna garantire continuità di reddito e studio anche lontano dalla città.

• **Crisi lunga (anni):**

In scenari più gravi – collasso economico, guerre a bassa intensità, disastri climatici – la vita in campagna richiede un approccio di **semi-autosufficienza**. Questo significa coltivare orti, allevare piccoli animali, partecipare a reti di scambio locale e sviluppare microeconomie comunitarie. Non si tratta solo di sopravvivere, ma di ricostruire un tessuto sociale funzionante.

Non esiste una risposta unica. Il trasferimento temporaneo va pensato come un'opzione flessibile, adattabile alla gravità e durata della crisi. Avere già valutato più scenari permette di reagire con lucidità, senza dover improvvisare nel caos.

CHECKLIST PRATICA – VITA IN ZONE RURALI

- Accesso ad acqua sicura (pozzo, cisterna, fonti naturali filtrabili).
- Scorte alimentari minime integrate da coltivazioni locali.
- Riscaldamento indipendente (stufe a legna, pellet, sistemi a biomassa).
- Energia alternativa (pannelli solari, generatori, batterie ricaricabili).
- Kit agricolo di base (semi, attrezzi manuali, fertilizzanti naturali).
- Mezzo di trasporto affidabile con scorte di carburante.
- Reti sociali locali (vicini, cooperative agricole, associazioni).
- Piano di rientro o collegamento con la città.

Sopravvivere fuori città non significa fuggire dalla civiltà, ma costruire un'alternativa realistica in caso di collasso urbano.

CAPITOLO 28
SPIRITUALITÀ E RESILIENZA INTERIORE

La resilienza non è fatta solo di scorte materiali o piani di evacuazione: anche la forza interiore gioca un ruolo decisivo.

Nei momenti di crisi, quando le certezze esterne crollano, fede, valori e tradizioni diventano strumenti invisibili ma potentissimi per mantenere equilibrio e speranza.

IL RUOLO DELLA FEDE E DEI VALORI COMUNITARI

- **Fede come ancora**

La fede, in senso religioso o laico, rappresenta un punto di riferimento quando il resto del mondo sembra instabile. Pregare, meditare, cantare insieme o semplicemente affidarsi a una dimensione più grande di sé stessi permette di ridurre l'angoscia e di ritrovare un filo di continuità. Nei momenti di crisi, la spiritualità diventa un linguaggio comune che unisce e rafforza.

- **Valori comunitari**

Una società resiliente non si fonda solo su scorte e piani di emergenza, ma su principi condivisi. Solidarietà, aiuto reciproco, rispetto delle persone e difesa della dignità umana diventano i pilastri che trasformano un gruppo di individui in una comunità coesa. Questi valori non eliminano le difficoltà, ma le rendono affrontabili insieme, evitando che il singolo si senta abbandonato.

- **Ritualità quotidiana**

Anche i piccoli rituali hanno un grande peso psicologico. Un momento di silenzio condiviso, la lettura di un testo ispirante, un canto o una semplice cena in comune aiutano a mantenere una dimensione umana e familiare anche nel caos. Le routine spirituali, quando coltivate regolarmente, diventano strumenti concreti per ridurre ansia, panico e disorientamento.

La fede e i valori non sono un lusso "astratto": sono risorse tangibili che nutrono la mente e il cuore, rafforzando la capacità di resistere nel tempo.

COME TROVARE EQUILIBRIO INTERIORE DURANTE L'INCERTEZZA

• **Meditazione e respirazione**

Le tecniche di meditazione e la respirazione controllata sono strumenti immediati ed efficaci per calmare la mente. Bastano pochi minuti al giorno di concentrazione sul respiro per ridurre il battito cardiaco, sciogliere tensioni fisiche e riportare la lucidità in momenti di caos. Non servono strumenti complessi: solo silenzio e disciplina costante.

• **Scrittura personale**

Tenere un diario è un modo potente per trasformare emozioni confuse in pensieri ordinati. Annotare paure, preoccupazioni, ma anche gratitudini quotidiane, aiuta a prendere distanza dall'ansia e a osservare la propria situazione con maggiore chiarezza. Scrivere permette di "scaricare" il peso interiore e, col tempo, di riconoscere progressi e strategie di resilienza già messe in atto.

• **Contatto con la natura**

La natura è un maestro silenzioso di equilibrio. Passeggiare in un bosco, curare un orto o anche solo osservare il cielo notturno aiuta a ricordare che la vita segue cicli più grandi delle crisi momentanee. Questo contatto riduce i livelli di stress, rafforza la connessione con il presente e ricorda che, anche nei momenti più bui, esistono elementi di stabilità e continuità.

• **Reti di supporto emotivo**

La resilienza interiore non è mai un cammino solitario. Condividere dubbi, paure e speranze con familiari, amici o gruppi spirituali riduce il senso di isolamento e alleggerisce il peso psicologico. Sapere di non essere soli, di avere qualcuno disposto ad ascoltare o a offrire una parola di conforto, è già di per sé una forma di protezione contro lo scoraggiamento.

L'equilibrio interiore non nasce dalla negazione della crisi, ma dalla capacità di affrontarla con strumenti che mantengono la mente radicata e il cuore aperto.

TESTIMONIANZE E TRADIZIONI EUROPEE DI RESILIENZA SPIRITUALE

La storia europea custodisce innumerevoli esempi in cui la resilienza interiore, alimentata dalla fede o dai valori comunitari, ha permesso a popoli e comunità di sopravvivere a crisi devastanti:

• **Monasteri medievali**

Durante secoli segnati da guerre, carestie e pestilenze, i monasteri non furono solo luoghi di preghiera, ma veri e propri centri di rifugio, istruzione e cura. Offrivano stabilità a chi era in fuga, custodivano libri e conoscenze, e trasmettevano un senso di continuità spirituale che permetteva alle persone di non sentirsi abbandonate dal mondo.

• **Comunità contadine**

Nei villaggi rurali, la vita era scandita da cicli naturali e spesso da grandi privazioni. La risposta non fu mai il puro isolamento, ma la creazione di reti di solidarietà: feste collettive dopo i raccolti, riti religiosi e pagani per invocare la fertilità della terra, e mutuo aiuto nei momenti di carestia. La condivisione di poco rendeva sopportabile la fatica quotidiana e rafforzava l'identità collettiva.

• **Movimenti spirituali moderni**

Dal dopoguerra a oggi, numerose esperienze hanno mostrato il potere della spiritualità e dei valori condivisi. Associazioni di volontariato, parrocchie locali, gruppi giovanili e iniziative laiche hanno costruito reti di sostegno che hanno aiutato intere comunità a rialzarsi dopo terremoti, crisi economiche o conflitti politici. La forza non proveniva solo dalle risorse materiali, ma dalla certezza che la solidarietà e la fede – religiosa o etica – potevano offrire speranza concreta.

Questi esempi ci ricordano che la resilienza interiore non nasce mai nel vuoto: è un patrimonio collettivo, radicato nella memoria e nelle tradizioni, che ogni generazione può adattare alle proprie sfide contemporanee

CHECKLIST PRATICA – BENESSERE INTERIORE

- Dedica almeno 10 minuti al giorno a meditazione, preghiera o silenzio.
- Coltiva gratitudine: scrivi ogni giorno 1 cosa positiva, anche piccola.
- Partecipa a un gruppo comunitario o spirituale per condividere forza e sostegno.
- Limita l'esposizione a notizie ansiogene: scegli fonti affidabili e riduci la frequenza.
- Resta connesso con la natura: una passeggiata o un contatto con il verde rafforzano la mente.

La resilienza non è solo esterna: nasce prima di tutto dentro di noi.

CONCLUSIONE

SOPRAVVIVERE SENZA PAURA

L'idea centrale di questo libro non è seminare ansia o alimentare scenari catastrofici. Al contrario, il messaggio è semplice: **la conoscenza riduce la paura**. Quando si è preparati, la mente smette di vagare in un futuro incerto e si concentra sul presente con più lucidità.

Viviamo in una società che ci ha abituati alla comodità e alla dipendenza da sistemi esterni. Ma proprio questa fiducia cieca ci rende vulnerabili: basta un blackout, un'interruzione nei trasporti o una crisi sanitaria per spogliare la nostra quotidianità di certezze. Prepararsi non significa attendere l'apocalisse, significa scegliere di non essere impreparati.

La preparazione come responsabilità

Prepararsi non è un gesto individualista. È un atto di cura verso se stessi, la propria famiglia e la comunità. Avere un kit di emergenza, un piano familiare o scorte di base non è paranoia: è responsabilità civile, proprio come indossare la cintura di sicurezza o avere un estintore in casa.

Normalità e resilienza

La vita non deve trasformarsi in un allenamento alla sopravvivenza quotidiana. Al contrario, la resilienza permette di **vivere con più serenità**, perché riduce l'incertezza. Sapere che in casa ci sono scorte d'acqua, un piano d'azione e una rete di contatti fidati significa affrontare ogni giornata senza l'ombra costante del "cosa succederebbe se…".

Il vero significato di "senza paura"

- Non si tratta di eliminare le emozioni, ma di **imparare a controllarle**.
- Non si tratta di immaginare disastri, ma di **ridurne l'impatto**.
- Non si tratta di isolarsi, ma di **rafforzare i legami familiari e comunitari**.

La vera forza sta nel bilanciare consapevolezza e normalità. Prepararsi non vuol dire aspettarsi il peggio, ma **rendere il peggio meno devastante, se dovesse arrivare**.

DAL PANICO ALLA RESILIENZA

Il panico è una reazione naturale, quasi istintiva, davanti a ciò che non conosciamo o non sappiamo controllare. È contagioso: basta una notizia allarmistica o un blackout imprevisto perché interi quartieri si riversino nei supermercati, svuotando gli scaffali e creando caos. Ma allo stesso modo, anche la **resilienza è contagiosa**. Una famiglia preparata trasmette calma ai vicini, una comunità organizzata riduce la paura dei suoi membri, e una società che investe nella prevenzione diventa meno fragile di fronte a qualsiasi crisi.

La mentalità come linea di confine

La differenza tra vulnerabilità e resilienza non risiede nella quantità di denaro o di risorse accumulate, ma nel modo in cui affrontiamo l'imprevisto:

- **Il panico** vede solo problemi, ingigantisce le difficoltà e spinge a decisioni impulsive che spesso peggiorano la situazione.

- **La resilienza** cerca soluzioni concrete, passo dopo passo, trasformando la paura in azione e l'incertezza in disciplina.

Dalla teoria alla pratica

Passare dal panico alla resilienza non significa diventare eroi o esperti di sopravvivenza: è un **processo graduale**, fatto di piccoli gesti quotidiani che costruiscono fiducia e sicurezza nel tempo:

- Tenere un **kit d'emergenza** pronto e aggiornato.

- Fare una **simulazione familiare** almeno due volte l'anno per testare i piani di evacuazione e comunicazione.

- Costruire un **rapporto di fiducia con i vicini**, condividendo informazioni e risorse di base.

- Imparare competenze essenziali come il **primo soccorso** o la gestione di un piccolo orto domestico.

Ogni passo compiuto riduce la fragilità individuale e collettiva. Quando più famiglie scelgono la strada della preparazione, l'intera comunità diventa un baluardo contro il caos, trasformando la paura in forza condivisa.

IL FUTURO DELLA PREPARAZIONE IN EUROPA

L'Europa si trova davanti a una sfida senza precedenti. La **dipendenza energetica dall'estero**, l'**urbanizzazione massiccia** che rende fragili le metropoli, la **pressione su sistemi sanitari già al limite** e l'emergere di **nuove minacce biologiche e digitali** mostrano un continente vulnerabile. Questi scenari non svaniranno da soli, né possono essere risolti con soluzioni temporanee: sono dinamiche strutturali, destinate a ripresentarsi con frequenza sempre maggiore.

In questo contesto, il futuro non appartiene alle società più ricche o più armate, ma a quelle capaci di **prevedere, adattarsi e reagire**. La resilienza diventa la vera risorsa strategica del XXI secolo.

Il ruolo dell'individuo e della famiglia

La preparazione personale non è un atto isolato, ma il primo anello di una catena che rende solida l'intera comunità. Un cittadino preparato:

- sa come affrontare blackout o crisi sanitarie,

- riduce la pressione sui servizi pubblici nei momenti critici,

- trasmette calma e competenze al proprio vicinato.

Ogni famiglia che sceglie di organizzarsi diventa un tassello della **sicurezza collettiva europea**.

Il passo successivo: un'Europa resiliente

Per trasformare questa consapevolezza in forza sistemica, occorreranno azioni coordinate a più livelli:

• **Educazione civica alla sicurezza**: scuole che insegnino non solo storia e matematica, ma anche come gestire un'emergenza, come riconoscere fake news, come prendersi cura della comunità.

• **Investimenti nelle infrastrutture critiche**: reti elettriche più robuste, ospedali pronti a gestire emergenze di massa, sistemi di approvvigionamento idrico e alimentare meno dipendenti dalle importazioni.

• **Reti locali di solidarietà**: quartieri, associazioni e comuni che costruiscono un tessuto sociale resiliente, dove nessuno viene lasciato indietro.

Preparazione come cittadinanza attiva

La preparazione non deve più essere vista come un gesto marginale di pochi "allarmisti", ma come una **nuova forma di cittadinanza responsabile**. Essere pronti non significa vivere nella paura, ma rendere la paura meno devastante.

Se ogni europeo farà la sua parte, il continente non solo sopravviverà alle crisi future, ma uscirà **più forte, più coeso e più libero** di fronte alle sfide globali.

APPENDICI

Checklist generale – Kit minimo di resilienza domestica

Questa lista sintetica serve come riferimento rapido per verificare di avere sempre l'essenziale a disposizione.

Acqua e alimenti

- 2 litri di acqua potabile al giorno per persona (almeno 7 giorni).
- Scorte di alimenti non deperibili (pasta, riso, legumi secchi, scatolame, frutta secca, miele).
- Alimenti pronti al consumo (barrette energetiche, biscotti, tonno).
- Prodotti specifici per neonati, anziani o persone con esigenze mediche.

Energia e illuminazione

- Torce a LED con batterie di ricambio.
- Lampada solare o a dinamo.
- Powerbank ad alta capacità, sempre carichi.
- Candele di emergenza e fiammiferi (da usare in sicurezza).
- Fornello a gas da campeggio con cartucce.

Salute e igiene

- Kit di primo soccorso completo.
- Farmaci essenziali e personali (scorta minima 30 giorni).
- Termometro, guanti, mascherine, disinfettanti.
- Prodotti per igiene personale (sapone, salviette, carta igienica).

Documenti e comunicazioni

- Copie cartacee di documenti (carta d'identità, tessera sanitaria, passaporto).

- Lista cartacea di numeri di emergenza.
- Radio a batterie o a manovella.
- Una piccola somma di contanti in banconote di piccolo taglio.

Altro

- Coperte termiche e vestiti a strati.
- Fischietto per segnalazioni.
- Mappe cartacee della città e delle vie di fuga.

Piano familiare compilabile

1. Dati della famiglia

- Nome e cognome membri della famiglia: _____
- Contatti principali: _____

2. Ruoli assegnati

- Responsabile decisioni: _____
- Responsabile bambini/anziani: _____
- Responsabile kit e scorte: _____
- Responsabile comunicazioni: _____

3. Punti di ritrovo

- Primario (vicino casa): _____
- Secondario (fuori quartiere): _____

4. Contatti esterni

- Persona di riferimento in un'altra città: _____
- Numero di telefono fisso/cellulare: _____

5. Percorsi sicuri

- Percorso primario: _____
- Percorso alternativo: _____

Suggerimento: stampare più copie e tenerne una nel kit di emergenza, una in casa e una in auto.

Fonti affidabili e link utili

Per informarsi senza cadere nella trappola della disinformazione, è fondamentale avere una lista di canali ufficiali:

Siti istituzionali europei

- Protezione Civile Italiana – www.protezionecivile.gov.it
- Agenzia Europea per la Sicurezza Aerea (EASA) – www.easa.europa.eu
- Centro Europeo per la Prevenzione e il Controllo delle Malattie (ECDC) – www.ecdc.europa.eu

- Commissione Europea – Sicurezza e Crisi – ec.europa.eu

Fonti sanitarie

- Ministero della Salute (Italia) – www.salute.gov.it
- Organizzazione Mondiale della Sanità (OMS) – www.who.int

Emergenze e meteo

- Meteo Aeronautica Militare – www.meteoam.it
- European Severe Weather Database – www.eswd.eu

Suggerimento pratico

Scarica in PDF o stampa i link più importanti: in caso di blackout digitale non saranno accessibili.

TUTTI I BONUS SCARICABILI LI TROVI SCANNERIZZANDO QUESTO QR CODE:

RINGRAZIAMENTI

Questo libro è il frutto di lunghe notti di studio, riflessioni e speranze condivise.

Desidero ringraziare innanzitutto **Randy Morganin**, la cui visione e fiducia in questo progetto mi hanno dato l'ispirazione e il coraggio di affrontare temi complessi. Senza il tuo appoggio e la tua passione, questo lavoro non avrebbe avuto la stessa forza e coerenza.

Un ringraziamento speciale va ai familiari e agli amici che mi hanno sopportato nei momenti in cui ero assente, immerso nella scrittura: la vostra pazienza, i vostri silenzi comprensivi e il vostro amore mi hanno sostenuto.

Ringrazio i lettori che mi hanno preceduto: le vostre critiche, i commenti e le domande mi hanno spinto a migliorare, a riflettere più a fondo, a non accontentarmi mai.

Infine, grazie a tutte le comunità, associazioni e fedeli che operano nel silenzio quotidiano per mantenere viva la speranza: lavorate ogni giorno per costruire resilienza vera. Questo libro vi è dedicato.

Con gratitudine e stima,

Randy Morganin

L'AUTORE

Mark Dortmiller è uno scrittore e ricercatore specializzato in preparazione alle emergenze, dedicato ad aiutare le famiglie comuni ad affrontare i tempi incerti con fiducia e chiarezza. Con anni di studio nella risposta alle crisi, nella resilienza finanziaria e nelle strategie di sopravvivenza comunitaria, Mark ha sviluppato un approccio pratico e incentrato sulla famiglia alla preparazione.

A differenza degli scenari "apocalittici" basati sulla paura, la filosofia di Mark si fonda sulla responsabilità, sulla fede e sull'azione concreta. Egli crede che la sopravvivenza non significhi isolamento o accumulo segreto di scorte, ma costruire nuclei familiari resilienti e comunità più forti. Il suo lavoro unisce lezioni storiche, strategie moderne e checklist passo-passo pensate per essere accessibili a chiunque, indipendentemente dal punto di partenza.

Quando non scrive, Mark si dedica al giardinaggio, alla pratica di abilità per l'autosufficienza e alla condivisione delle conoscenze sulla preparazione con vicini e gruppi locali. La sua missione è semplice: **dare alle famiglie gli strumenti per diventare guide nei momenti di crisi, trasformando la paura in prontezza e l'incertezza in forza.**

Nato in Germania e con radici profonde nella cultura europea, **Randy Morganin** ha dedicato la sua vita alla ricerca della resilienza, sia personale che comunitaria. Laureato in scienze sociali e con formazione in geopolitica, ha combinato negli anni la passione per i temi della sopravvivenza urbana con lo studio della spiritualità e della resilienza mentale.

È autore di saggi e manuali che esplorano l'equilibrio tra rischio e preparazione, con particolare attenzione al contesto europeo contemporaneo. La sua esperienza lo porta a collaborare con realtà civiche, gruppi locali di difesa civile e scuole che vogliono introdurre l'educazione alla sicurezza come parte integrante della formazione dei giovani.

Randy vive fra città e campagna, dividendo il suo tempo tra la scrittura, esperimenti di vita autosufficiente e la costruzione di reti cooperative locali. Ama i silenzi del bosco, i libri antichi, e le conversazioni notturne con chi crede che prepararsi non sia una forma di paura, ma un atto di amore per chi verrà dopo di noi.

www.ingramcontent.com/pod-product-compliance
Lightning Source LLC
Chambersburg PA
CBHW080735230426
43665CB00020B/2753